On line EDITORA

Presidente: Paulo Roberto Houch
Vice-Presidente Editorial: Andrea Calmon
redacao@editoraonline.com.br

REDAÇÃO
Jornalista Responsável: Andrea Calmon – MTB 47714

PROGRAMAÇÃO VISUAL
Coordenador de Arte: Rubens Martim
diagramacao@editoraonline.com.br

COLABORARAM NESTA EDIÇÃO: Tatiana Arcoline (editora-executiva), Juliana Lambert (subeditora), Claudio Blanc e Thaís Iannarelli (textos), Denise Muñoz (diagramação), Felipe Ajzemberg e Michael Braz (ilustração), Mônica Antunes, Moisés Nascimento, Nilton Pavin e Sidney Doll (fotografia) e Thaise Rodrigues (revisão)

ESTÚDIO FOTOGRÁFICO
Fotógrafa: Fernanda Venâncio

PRODUÇÃO FOTOGRÁFICA
Coordenadora: Elaine Simoni
elainesimoni@editoraonline.com.br

PUBLICIDADE
Gerente Comercial: Elaine Houch
elainehouch@editoraonline.com.br
Supervisor: Bernard Correa
Executivos de Contas : Antonio Demésio, Camila Vinhas e Luciana Lemes
Operações Comerciais: Joelma Lima
Designer Gráfico Publicidade : Wesley Sozin
Representantes: Brasília - (61) 3034-3704

MARKETING
Supervisor de Marketing: Vinícius Fernandes
Assistente de Marketing: José Antonio da Silva

CANAIS ALTERNATIVOS
DEP. VENDAS Luiz Carlos Sarra
(11) 3687-0099
vendaatacado@editoraonline.com.br

LOGÍSTICA E ARMAZENAGEM Luiz Carlos Sarra
luizcarlos@editoraonline.com.br

ADMINISTRAÇÃO
Diretora Administrativa: Jacy Regina Dalle Lucca
financeiro@editoraonline.com.br

CRÉDITO E COBRANÇA cobranca@editoraonline.com.br

Impresso por **PROL**
Distribuição no Brasil por **Dinap**

História das Religiões Especial é uma publicação do IBC - Instituto Brasileiro de Cultura Ltda. – Caixa Postal 61085 – CEP 05001-970 – São Paulo – SP – Tel.: (0**11) 3393-7777
A reprodução total ou parcial desta obra é proibida sem a prévia autorização do editor.

Números Atrasados com o IBC ou por intermédio do seu jornaleiro ao preço da última edição acrescido das despesas de envio.
Para adquirir com o IBC – www.revistaonline.com.br, Tel.: (0**11) 3512-9477 ou Caixa Postal 61085 - CEP 05001-970 - São Paulo - SP.

Compras pela internet:
www.revistaonline.com.br

A On Line Editora tem a revista que você procura. Confira algumas das nossas publicações e boa leitura.

ASTROLOGIA: Guia Astros & Você – Desvende seus Sonhos • BIBLIOTECA JURIDICA: Código Civil • Código de Defesa do Consumidor, Constituição Federal • Código Penal • Consolidação das Leis do Trabalho e Estatuto do Idoso • DECORAÇÃO: Delícias da Cozinha • DECORAÇÃO: Guia Casa & Ambiente Bebê e Gestante • GUIA CASA & DECORAÇÃO • Guia de Paisagismo • Guia do Feng Shui • Armários de Cozinha • CASA & AMBIENTE BEBÊ • CASA & DECORAÇÃO • Coleção Casa e Decoração • Pequenos Ambientes Extra • Projeto para Cozinhas • Projetos para Banheiros • Guia de Salas de TV • Guia Casa & Ambiente Bebê Luxo • EDUCAÇÃO: Almanaque do Estudante • Almanaque do Estudante Especial • Almanaque do Estudante Extra • O Guia Projetos Escolares Manual para o Professor • Projetos Escolares Especial • FEMININA: TUA • FIGURINO NOIVAS • Guia de Noivas Figurino FUTEBOL: Show de Bola Especial • Show de Bola Extra • Show de Bola Magazine SuperPôster • INFORMÁTICA: Coleção Guia Fácil Informática em CD Room • Coleção Guia Fácil Informática Extra em CD Room • MODA: MODA MOLDES • Moda Moldes Especial • Guia Moda Moldes • NEGÓCIO: Anuário de Franquias • Guia Meu Próprio Negócio • MEU PRÓPRIO NEGÓCIO • Meu Próprio Negócio Especial • Meu Próprio Negócio Extra • PLANTAS: Guia de Hortas • Guia de Plantas em Casa • Guia de Plantas em Casa Especial • Guia de Plantas em Casa Extra • PUERICULTURA: Almanaque do Bebê SAÚDE E BEM ESTAR: Guia de Yoga • O Guia de Pilates • REVISTA OFICIAL DE PILATES • O Livro de Pilates • Guia de Cuidados com a Saúde • TEEN: yes!Teen Books • TURISMO: Buenos Aires, Lisboa, Londres, Madri/ Barcelona, Nova York, Orlando, Paris, Roma, Salvador, São Paulo, • Guia de Pousadas de Praia • Guia de Resorts Brasileiros • VEÍCULOS: Fusca & Cia

Aviso importante: A On Line Editora não se responsabiliza pelo conteúdo e pela procedência dos anúncios publicados nesta revista, de modo que não restará configurado nenhum tipo de responsabilidade civil em decorrência de eventual não cumprimento de pactos firmados entre anunciantes e leitores.

CIP-BRASIL. CATALOGAÇÃO NA PUBLICAÇÃO
SINDICATO NACIONAL DOS EDITORES DE LIVROS, RJ

H579

História das religiões especial.-- 2. ed. - São Paulo : On Line, 2016.
il.

ISBN 978-85-432-1399-6

1. Religião - História. 2. Religiões - História.

16-31748 CDD: 291
CDU: 2-9

30/03/2016 31/03/2016

Foto: Pôr-do-sol na foz do Rio São Francisco/ Divulgação/ Embratur/ Christian Knepper

Caminhos da fé

Uma viagem mística e surpreendente pelo desconhecido. Essa é a ideia da **História das Religiões**, que traz informações, curiosidades e dados atuais sobre as principais crenças do planeta.

Se ter fé é fundamental, podemos dizer que, nós, brasileiros, somos privilegiados. De acordo com uma pesquisa realizada pelo Datafolha, 97% da população acredita em Deus.

Não deixe de conferir as peculiaridades de cada crença como, por exemplo, que o Alcorão é um dos livros mais lidos do mundo, que Sidarta Gautama era filho de nobres e que os estudiosos apostam que a Torá (bíblia judaica) tem um código especial, capaz de revelar mensagens ocultas e predizer o futuro.

Boa leitura,

Os editores
redacao@editoraonline.com.br
www.editoraonline.com.br

SUMÁRIO

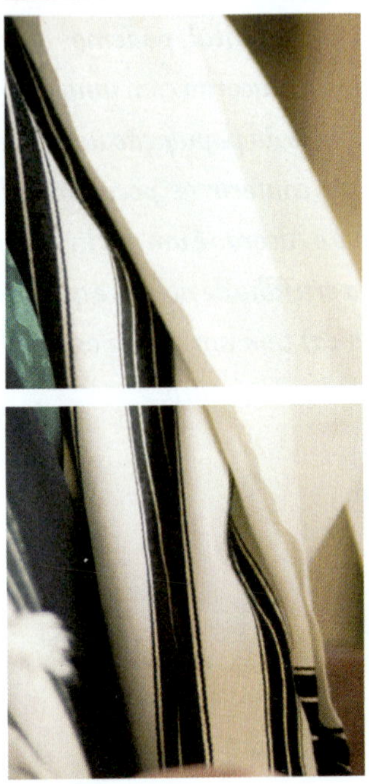

"Eu sou o Alfa e o Ômega, o princípio e o fim, o primeiro e o derradeiro."
Apocalipse 22:13

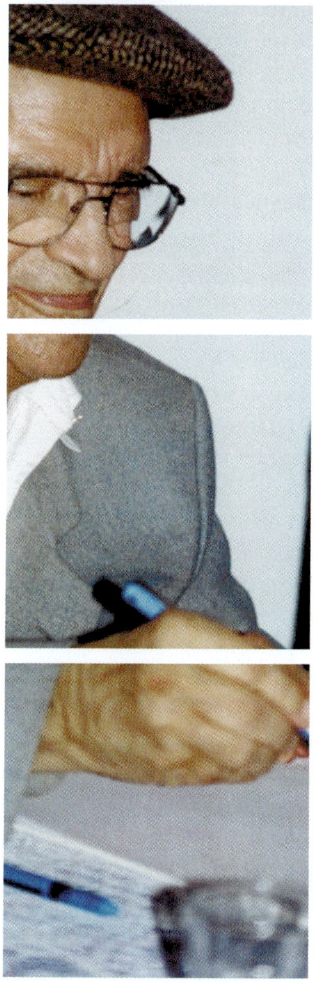

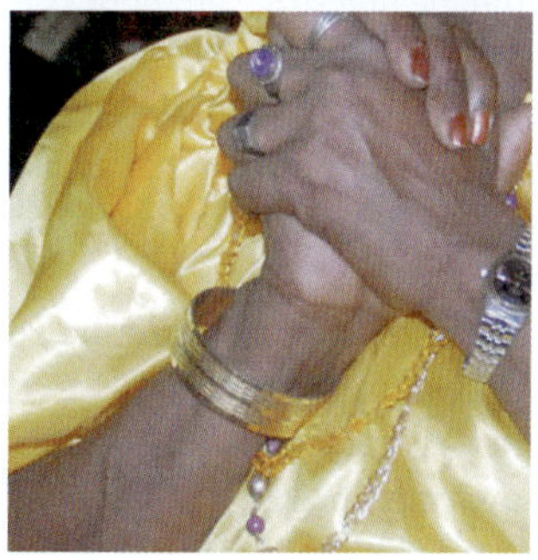

Religião

Símbolos, mitos, crenças e polêmica envolvem os mistérios da fé

Por Claudio Blanc

A origem da palavra "religião" vem do latim *re-ligare*, isto é, religar a essência divina do homem ao seu ego, possibilitando o encontro entre o ego e a centelha divina que há em todos nós – que os esquimós inuits chamam de "Grande Homem", os evangélicos denominam "Cristo", os hindus "Atman" –; entre a alma e o "eu". Tal conceito é o cerne de todas as religiões e é, modernamente, conhecido como "Filosofia Perene".

Essa filosofia foi usada pela primeira vez por um escritor cristão alemão do século 16 e explorada pelo filósofo Leibniz (1646 – 1716) e pelo romancista e dramaturgo inglês Aldous Huxley (1894 – 1963). No livro de Huxley, intitulado *A Filosofia Perene* (Editora Cultrix, tradução de Octavio Mendes Cajado), o autor afirma que os rudimentos dessa filosofia estão "no saber tradicional de povos primitivos em todas as regiões do mundo, e, em suas formas mais elevadas e desenvolvidas, em cada uma das religiões". Dessa forma, Filosofia Perene é uma percepção comum a toda humanidade que surge em épocas e lugares diferentes, mas com a mesma essência. "Uma versão desse máximo denominador comum de todas as teologias precedentes e subsequentes", prossegue Huxley, ao dizer que foi escrita pela primeira vez há mais de 25 séculos, e, desde essa época, o tema inexaurível tem sido tratado inúmeras vezes, do ponto de vista de cada tradição religiosa e nos principais idiomas da Ásia e da Europa.

Em termos de doutrina, a Filosofia Perene é a metafísica que reconhece a realidade divina substancial no mundo das coisas, das vidas e das mentes; é a psicologia que encontra na alma algo semelhante à realidade divina, ou idêntica a ela; é a ética que coloca o termo final do homem no conhecimento do fundamento imanente e transcendente de todo ser.

Principais características

Huston Smith, autor do best-seller *O Mundo das Religiões*, aponta características comuns a todas as religiões: autoridade (geralmente representada por instituições, corpos administrativos ou pessoas imbuídas de cargos elevados em uma determinada hierarquia); ritual (é o berço da religião, a celebração da integração entre o humano e o divino); especulação (as religiões buscam responder questões como: "de onde viemos", "quem somos", "o que estamos fazendo aqui" e "para onde vamos depois da morte); tradição (é função das religiões transmitir sabedoria de geração a geração. Esse aspecto levou alguns autores a se referirem a elas como "tradições

As religiões lançam mão da linguagem dos símbolos, que inspiram e ensinam

Os símbolos constituem uma "gramática" atemporal que permite acessar verdades espirituais

de sabedoria"); graça (crença de que a realidade está ao nosso lado, o universo é amigável e corrobora para nossa evolução); mistério (as religiões celebram e encerram em si o mistério que está fora do nosso alcance. Nossa mente é finita. Não pode, portanto, mensurar o infinito ao qual está ligada. As religiões seriam uma ponte para este mistério).

Três caminhos

A busca espiritual humana segue, basicamente, três caminhos. O primeiro é ensinado por mestres rigorosamente práticos, que estimulam o fiel a seguir as leis designadas por Deus ou deuses. O propósito primordial dessa via é extinguir do coração dos seres humanos emoções e desejos que os tornam mais parecidos com as feras. São impulsos, às vezes, incontroláveis, como a raiva, a cobiça e o ressentimento. A prática e a moral são os meios desse caminho.

A outra estrada, trilhada pelos filósofos e teólogos, considera as "verdades metafísicas". Aqui, as especulações e interpretações dos mistérios que nos cercam são submetidas à luz da razão, o que, muitas vezes, deturpa o sentido dessas verdades em vez de explicá-las. Ou, pior ainda, em diversos casos, a instituição religiosa que cria essas interpretações as utiliza como um instrumento para dominar e submeter seus seguidores.

A terceira via busca a união dos dois caminhos anteriores, juntando num mesmo plano a mente e a matéria, a ação e o pensamento. Esse é o caminho do místico, daquele que reconhece a realidade divina no mundo material e cotidiano, tornando sagrado cada ato realizado, por mais banal que seja. É aquele, enfim, que "religa" seu ego à centelha divina dentro de si – seu "Eu" imortal –, satisfazendo a aspiração da religião.

Um símbolo não deve ser confundido com um sinal. A diferença entre símbolo e sinal é curiosa e não tem a ver com a representação em si, mas com o receptor da informação. Por exemplo: para um cristão que passa em frente a uma igreja, a cruz no alto do seu campanário é um símbolo que expressa o inefável mistério do sacrifício de Cristo. No entanto, para o budista, a cruz é apenas um sinal de que ali é um ponto de encontro entre pessoas da fé cristã

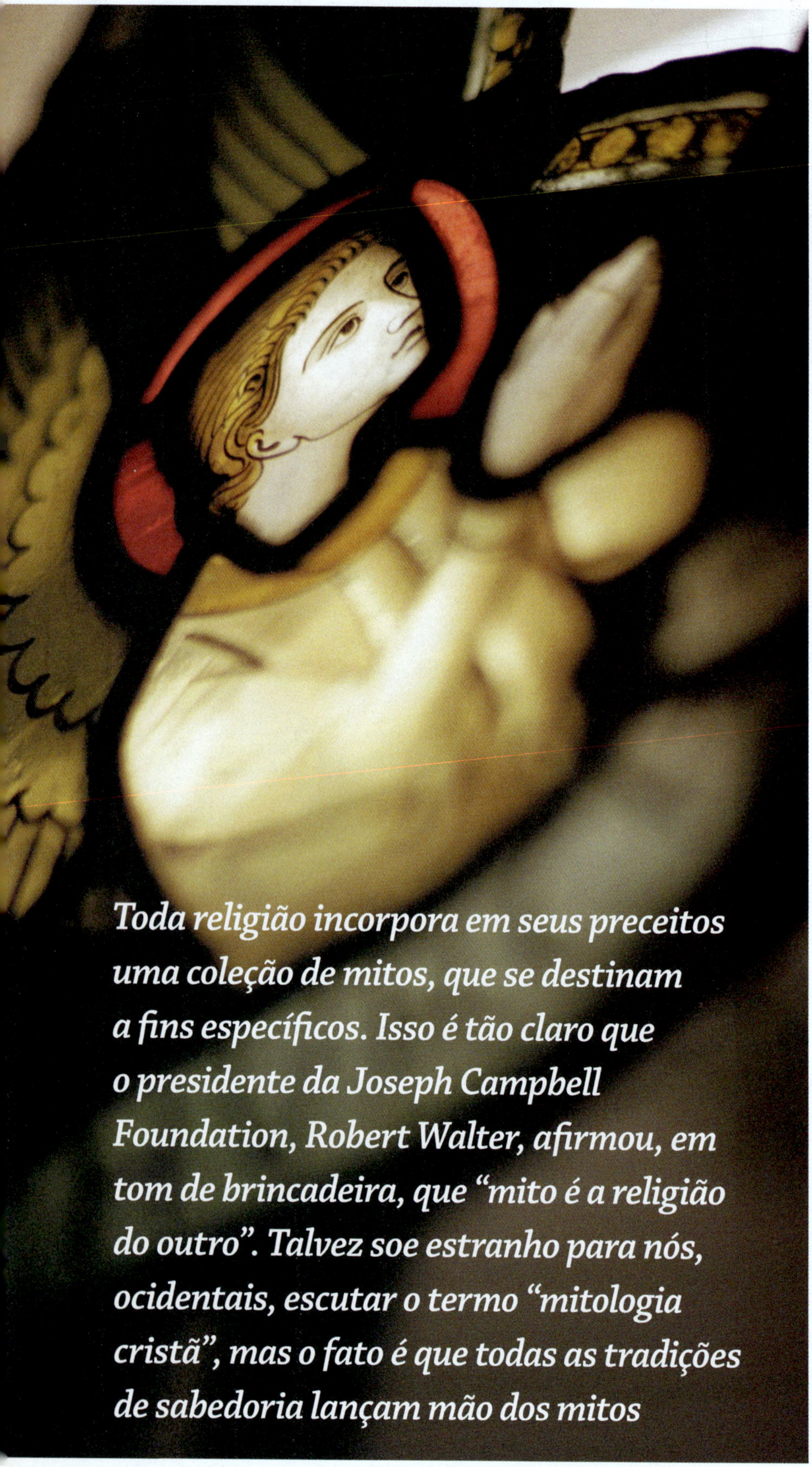

Toda religião incorpora em seus preceitos uma coleção de mitos, que se destinam a fins específicos. Isso é tão claro que o presidente da Joseph Campbell Foundation, Robert Walter, afirmou, em tom de brincadeira, que "mito é a religião do outro". Talvez soe estranho para nós, ocidentais, escutar o termo "mitologia cristã", mas o fato é que todas as tradições de sabedoria lançam mão dos mitos

Mitos

Toda religião incorpora em seus preceitos uma coleção de mitos, que se destinam a fins específicos. Isso é tão claro que Robert Walter, presidente da Joseph Campbell Foundation (organização responsável por divulgar o trabalho do mitologista Joseph Campbell) afirmou, em tom de brincadeira, que "mito é a religião do outro". Talvez soe estranho para nós, ocidentais, escutar o termo "mitologia cristã", mas o fato é que todas as tradições de sabedoria lançam mão dos mitos.

Joseph Campbell e Mircea Eliade foram, provavelmente, os maiores mitologistas do século 20. Campbell observou que os mitos são metáforas da vida e do universo e cumprem basicamente quatro funções. A primeira delas é a função mística, que engloba a percepção e a evocação do mistério que nos cerca. "O mito abre o mundo para a dimensão do mistério", afirmou Campbell.

A segunda função do mito lida com a dimensão cosmológica, um papel atualmente restrito à ciência. Os mitos também buscam explicar a origem e a natureza das coisas. Já a terceira função é a sociológica. O mito suporta e valida uma determinada ordem social. De acordo com este contexto, os mitos variam de lugar para lugar. "Você tem toda uma mitologia relacionada à poligamia e à monogamia", disse Campbell. "Qualquer uma está certa; só depende do lugar em que você está!", complementou.

É essa função sociológica do mito que estabelece leis éticas – como as determinadas pelos profetas hebraicos do Velho Testamento –, leis que determinam como se comportar, o que vestir, o que comer, como se relacionar com o sexo oposto etc.

Já a quarta função dos mitos é a pedagógica, visto que eles encerram importantes lições, que mostram como viver a vida de forma sábia e profícua.

Fundamentalismo: a religião irada

O início do século 17, quando há mais de 30 anos as bases da vida cultural e intelectual européia eram sacudidas por uma verdadeira guerra entre a nova filo-

Símbolos

Como as religiões abordam o mistério incompreensível para nossa mente finita, elas lançam mão da linguagem dos símbolos, que, por sua vez, inspiram e ensinam; são a matéria-prima da arte, constituindo uma "gramática" atemporal que permite acessar verdades espirituais.
Em *The Cambridge Companion to Jung* [Cambridge University Press], os psicólogos britânicos Polly Young-Eisendrath e Terence Dawson definem símbolo como "a melhor expressão possível para algo que é inferido, mas não diretamente conhecido, ou que não pode ser definido adequadamente por meio de palavras".
Um símbolo não deve ser confundido com um sinal. A diferença entre símbolo e sinal é curiosa e não tem a ver com a representação em si, mas com o receptor da informação. Por exemplo: para um cristão que passa em frente a uma igreja, a cruz no alto do seu campanário é um símbolo que expressa o inefável mistério do sacrifício de Cristo. No entanto, para um budista, a cruz é apenas um sinal de que se trata de um ponto de encontro entre pessoas da fé cristã.

A "Lua Crescente" foi adotada como símbolo pelo islã no século 14.

A "Mão de Deus' também é conhecida como "Mão de Fátima" [a filha de Maomé].

A "Roda da Lei" representa os ensinamentos budistas.

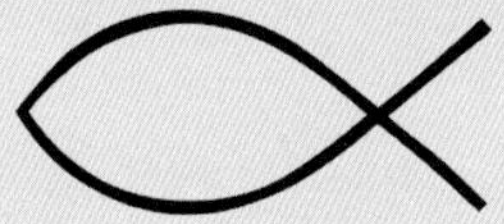
O "Peixe" é símbolo de Cristo.

A "Estrela de Davi" é o principal símbolo do judaísmo e do Estado de Israel.

O "Hanukká" é um candelabro usado na Festa das Luzes, onde as velas ficam acesas por oito dias.

sofia advinda das descobertas científicas dos últimos séculos e a teologia predominante desde o final do Império Romano, ficou marcado pelo lançamento em livro do debate sobre a intolerância religiosa. Em 1708, Hendrik Smeeks, um pacato cirurgião da cidade provinciana de Zwolle, Holanda, publicou o romance *Descrição do Poderoso Reino de Krinke Kesmes*, denunciando a falta de tolerância entre as religiões. O autor usou a obra para provar ficcionalmente a supremacia da filosofia da teologia. Mas, ao fazer isso, ele abordou uma percepção de que as religiões mundiais, embora busquem alcançar Deus, nutrem um antagonismo incompreensível entre si, algo absolutamente inesperado de instituições que pregam a evolução do espírito humano. Smeeks apontou diretamente para um lado obscuro das religiões, relacionado à ambição e ao poder secular.

Na história utópica de Smeeks, o herói, um mercador holandês filho de um espanhol, naufraga durante uma tempestade nos mares do sul. Ele sobrevive e encontra o reino de Krinke Kesmes, parte da legendária Terra Meridional Australis. Para sua surpresa, descobre que os habitantes do local, apesar de não terem contato com a Europa ou a Ásia, conhecem as línguas predominantes nesses continentes, bem como as religiões e filosofias. Tal fato se deve a um navio persa que viajava rumo a Meca e naufragara no ano de 1030, ao levar 300 peregrinos muçulmanos de diversas nacionalidades, além de escravos cristãos e judeus. Então, o sábio rei salvou todos os textos em árabe, latim, hebraico e grego, colocando-os em uma biblioteca universal de filosofia e teologia ocidental e oriental. O nobre dividiu os sobreviventes de acordo com credo e língua, unindo a cada grupo seis jovens de seu próprio povo, que foram instruídos a aprender o idioma e os costumes daquele determinado grupo.

Posteriormente, sob conselho do principal filósofo de Krinke Kesmes, Saabasa, foi construída uma imensa catedral com diversos púlpitos para acomodar simultaneamente as pregações de todas as teologias da Europa e da Ásia. Esperava-se que, ao estimular livremente disputas, a seita melhor e mais persuasiva se destacaria. Mas, para horror dos habitantes, não houve nada além de lutas e conflitos – todos os clérigos afirmavam que haviam recebido seus livros da lei diretamente de Deus e denunciavam os outros como hereges destinados à eterna danação. Para acabar com os conflitos, o rei decidiu pela liberdade religiosa, mas ameaçou de morte aqueles que se lançassem em disputas teológicas. Consequentemente, o povo de Krinke Kesmes se desinteressou pela teologia, voltando-se à filosofia. De acordo com o autor, a escolha da religião numa dada sociedade é feita com base em considerações políticas.

Embora a posição de Smeeks possa ser considerada radical – o mínimo que se poderia esperar de um pensador que pertence à corrente conhecida como Iluminismo Radical –, religião e governo estiveram, de fato, intimamente relacionados por quase toda a História da humanidade. Há, realmente, um espaço nas relações humanas em que a religião se mistura à política. Nesses casos, a instituição religiosa deixa de lado seu papel de

Torá é a bíblia judaica

orientar a vida espiritual dos homens e mulheres e descamba perigosamente para um fanatismo que tem raízes étnicas e culturais. A religião se torna uma instituição secular, uma verdadeira "nação", inclinada a ações de conquista, controle e defesa – especialmente em resposta a uma ameaça premente. Dessa forma, desenvolve um aspecto fundamentalista.

A escritora Karen Armstrong define fundamentalismos como "formas de espiritualidade combativas que surgiram como reação a alguma crise". Os fundamentalistas enfrentam inimigos cujas políticas e crenças seculares parecem contrárias à religião. De acordo com Armstrong, eles não vêem essa batalha como uma disputa política convencional, mas como uma guerra cósmica entre as forças do bem e do mal. Uma característica intrínseca dos fundamentalistas é temer a aniquilação. Por isso, procuram fortificar sua identidade ameaçada, resgatando doutrinas e práticas do passado. Para evitar a contaminação, geralmente, se afastam da sociedade e criam uma contracultura. Armstrong adverte que os fundamentalistas não são sonhadores utópicos: "Absorvem o racionalismo pragmático, a modernidade e, sob a orientação de seus lideres carismáticos, refinam o 'fundamental' a fim de elaborar uma ideologia que fornece aos fiéis um plano de ação". Numa tentativa de nadar contra a corrente, os fundamentalistas lutam para re-sacralizar um mundo cada vez mais cético.

O envolvimento da política na religião fica bastante claro se lembrarmos episódios históricos recentes, como os conflitos na Irlanda do Norte, entre os nativos católicos irlandeses e os protestantes descendentes dos invasores ingleses; as disputas entre judeus e palestinos em Israel; e os embates entre paquistaneses muçulmanos e hindus indianos, na Índia; ou ainda entre os iraquianos islâmicos e os cristãos norte-americanos. Embora essas instâncias apontem para um desentendimento religioso, parece que há muito mais do que discórdia doutrinária entre os oponentes. O escritor Michael T. Klare, professor do Hampshire College, Amherst, EUA, afirma em seu livro *Sangue e Petróleo* (Editora Palíndromo, tradução de Claudio Blanc) que, embora se afirme que a maioria das guerras que assolam o mundo neste início de século 21 seja de caráter religioso – e de fato é –, o motivo real é a disputa por recursos naturais, exatamente como está acontecendo com a "cruzada" norte-americana contra o "terrorismo" islâmico, a qual, afirma Klare, também envolve o interesse dos Estados Unidos em assumir o controle das maiores reservas mundiais de petróleo. A religião seria, então, um fator de identificação étnica e cultural a unir os beligerantes de um ou de outro lado. Nesse caso, sua função espiritual é posta de lado e deixa de ser um caminho de acesso à espiritualidade latente em todos os homens e mulheres para se tornar um campo de atuação política.

Atualmente, essa característica tende a se exacerbar. Segundo o relatório emitido pela Agência Central de Inteligência, CIA, e publicado no livro *O Relatório da CIA: Como Será o Mundo em 2020* (Ediouro, tradução de Claudio Blanc), "nos próximos

14 anos, a identidade religiosa deve se tornar um fator cada vez mais importante na maneira como as pessoas se definem". Segundo a CIA, essa tendência de identidade política tem a ver com a maior mobilidade e a crescente diversidade de grupos hostis dentro de um mesmo país, bem como com a difusão de modernas tecnologias da comunicação. A primazia de identidades étnicas e religiosas garantirá aos seus membros uma comunidade pronta, que funciona como uma "rede de segurança social" em épocas de necessidade — particularmente importante para os migrantes. Essas comunidades também garantem redes de trabalho que geram oportunidades de emprego.

Outra característica da religiosidade contemporânea que aponta para o crescimento do fundamentalismo é o fato de que muitos fiéis — nacionalistas hindus, evangélicos cristãos na América Latina, judeus fundamentalistas em Israel ou radicais muçulmanos — estão se tornando "ativistas". Esses grupos têm, invariavelmente, uma visão de mundo que defende mudanças na sociedade, além de uma tendência a fazer distinções maniqueístas e a ter crenças religiosas que podem transformar conflitos locais em grandes cruzadas.

De fato, movimentos baseados na religião são comuns em tempos de distúrbios sociais e políticos — e frequentemente impulsionam mudanças positivas. Um exemplo é a constatação dos estudiosos de que o crescimento das seitas evangélicas na América Latina forneceu aos grupos mais pobres e racialmente excluídos, inclusive às mulheres, uma rede de relações de trabalho que não existiria de outra forma. Tais redes contam com membros que têm conhecimento necessário para sobreviver numa sociedade que muda rapidamente.

Ao mesmo tempo em que os grupos ativistas desejam mudar a sociedade, são gerados mais conflitos sociais e políticos. Para sustentar suas fortes convicções religiosas, muitos deles definem suas identidades como opostas aos "estranhos", o que quase sempre gera tensão.

É o que está acontecendo com o Islamismo. Segundo a CIA, o crescimento do chamado Islamismo Radical terá um grande impacto global em 2020, colocando em conflito grupos étnicos e nacionais diferentes, e talvez crie uma autoridade que transcenda as fronteiras nacionais. "Parte do apelo do Islamismo Radical envolve a conclamação dos muçulmanos para retornar às suas raízes primordiais, quando o Islã estava à frente das mudanças globais", afirma o relatório. A tendência é de que o sentimento coletivo de alienação e estagnação que alimenta o Islamismo Radical não deve se dissipar até que o mundo muçulmano esteja, novamente, integrado à economia mundial.

É muito provável, nos próximos 20 anos, que as diferenças religiosas e étnicas contribuam para fomentar futuros conflitos e, se não forem abordadas, serão a causa de problemas locais. Entre as regiões que enfrentam estes atritos e que podem sofrer um conflito civil generalizado, estão o sudeste da Ásia, a África Ocidental, as Filipinas e a Indonésia. Nesses locais, a linha divisória entre cristãos e muçulmanos separa historicamente a sociedade como um pavio prestes a ser aceso.

RELIGIÕES DO MUNDO E QUANTIDADE DE PESSOAS ADEPTAS

Cristianismo	2,1 bilhões
Islamismo	1,5 bilhão
Ateísmo / sem religião	1,1 bilhão
Hinduísmo	900 milhões
Religião Chinesa Tradicional	394 milhões
Budismo	376 milhões
Indígenas	300 milhões
Religiões Afro	100 milhões
Sikismo[1]	23 milhões
Espiritismo	15 milhões
Judaísmo	14 milhões
Fé Baha'í[2]	7 milhões
Jainismo[3]	4,2 milhões
Xintoísmo[4]	4 milhões
Caodaísmo[5]	4 milhões
Zoroastrismo[6]	2,6 milhões
Tenrikyo[7]	2 milhões
Neo-paganismo	1 milhão
Unitário-Universalismo[8]	800 mil
Rastafarianismo[9]	600 mil
Cientologia[10]	500 mil

1: Sikismo *– foi fundada no século 15 pelo gurú Nanak, que quis unificar o que havia de melhor no Hinduísmo e no Islamismo. Suas crenças básicas são o monoteísmo, a humildade e o serviço ao próximo.*

2: Fé Baha'í *– é uma religião mundial, independente, surgida na antiga Pérsia, atual Irã, em 1844. Essa fé não possui dogmas, rituais, clero ou sacerdócio.*

3: Jainismo *– esta religião se estabeleceu na Índia em meados do primeiro milênio a.C. A palavra se originou no verbo sânscrito jin, que significa "conquistador", e seus adeptos devem combater as paixões e alcançar a libertação do mundo.*

4: Xintoísmo *– é a religião tradicional japonesa que constitui um conjunto de crenças e práticas religiosas de tipo animista (todos os seres vivos e todos os elementos do cosmos e da natureza possuem espírito e alma). Não tem fundador, escrituras sagradas oficiais ou dogmas.*

5: Caodaísmo *– fundada no Vietnã, a religião acredita na existência de um único Deus, denominado "Cao Dai", que se considera ser o mesmo Deus adorado pelas outras religiões. É representado como um olho esquerdo inserido num triângulo.*

6: Zoroastrismo *– religião monoteísta fundada na antiga Pérsia pelo profeta Zaratustra, é considerada a primeira manifestação de um monoteísmo ético. Algumas de suas concepções religiosas são a crença no paraíso, na ressurreição, no juízo final e na vinda de um messias.*

7: Tenrikyo *– criada no Japão, a religião prega a "vida plena de alegria e felicidade", que seria a vida harmoniosa entre todos os seres humanos.*

8: Unitário-Universalismo *– religião liberal formada nos EUA em meados do século 20. É uma comunidade liberal que não se prende a nenhum dogma, e enfatiza a liberdade, a compaixão, a diversidade e a busca livre pelo sagrado.*

9: Rastafarianismo *– movimento religioso que surgiu na Jamaica, entre a classe trabalhadora, em meados dos anos de 1930. O movimento se espalhou pelo mundo por causa da imigração e pelo interesse gerado pelo ritmo do reggae. Embora seja chamado de rastafarianismo, alguns rastas consideram o termo ofensivo.*

10: Cientologia *– fundada em 1952, pelo autor de ficção científica L. Ron Hubbard, foi oficializada em 1954 e se baseia na crença de que uma pessoa é um ser espiritual imortal, dotada de mente e corpo, que busca a sobrevivência. Esta depende de si mesmo, de outras pessoas e da sua interação com o cosmos.*

Dados: Site adherents 2005 – coleção de estatísticas religiosas da Enciclopédia Britânica e da Enciclopédia do Cristianismo Mundial (www.adherents.com)

Zelo religioso

Mas nem só de política se constrói o fundamentalismo. Essa postura também se caracteriza por um zelo religioso. "O impulso da maioria dos movimentos fundamentalistas, sejam católicos, mórmons, cristãos evangélicos, muçulmanos ou judaicos, é um forte desejo de regressar à ordem mística e à perfeição original", escreveu Jon Krakauer, em sua obra *Pela Bandeira do Paraíso* (Companhia das Letras, tradução de S. Duarte). Os fundamentalistas seguem, portanto, sua doutrina a partir de uma interpretação rigorosamente literal dos textos mais antigos e sagrados da sua Igreja. A autoridade desses escritos divinamente inspirados é absoluta e imutável. E o dever dos homens e mulheres virtuosos é levar suas vidas segundo uma leitura rigidamente literal dessa literatura.

Há, porém, uma implicação que deriva diretamente dessa postura. De acordo com Vincent Crapanzano, em seu livro *Serving the World* (New Press, Nova York, 2000), o literalismo dos fundamentalistas estimula uma visão fechada do mundo, em geral (embora não necessariamente) conservadora em termos políticos, na qual a história fica parada no tempo e as pessoas são vistas por um prisma "nós e eles", em que "nós" possuímos a verdade, a virtude e a bondade, e "eles", a falsidade, a depravação e o mal". O fundamentalismo exclui a percepção preconizada no Cristianismo de que a humanidade é uma fraternidade, e que se deve amar ao próximo como a si mesmo. Por dividir as comunidades entre bem e mal, esta atitude entra em conflito com a busca budista pela compaixão. O fundamentalismo sufoca, assim, a religiosidade em detrimento de uma religião irada.

O notável escritor americano William James (1842 – 1910) explica em seu livro, *The Varieties of Religious Experience* (Modern Library, Nova York, 1999), o processo que transforma uma experiência genuína de religiosidade no fanatismo prejudicial que, infelizmente, permeia as alas ortodoxas das grandes tradições de sabedoria. Tudo começa com o que autor chama de "uma experiência religiosa direta", isto é, quando o indivíduo atinge um estado de consciência que pode ser entendido como "místico". Nesse momento, o que foi vivido por esse "profeta" é visto como uma heterodoxia e ele "parecerá um louco solitário", insultado, apedrejado ou crucificado. No entanto, explica James, se sua doutrina se mostra suficientemente contagiante para se espalhar a outras pessoas, torna-se uma heresia definitiva, mas se continuar a se apresentar suficientemente contagiante, transforma-se em ortodoxia. E é aqui que reside, segundo este pensador, o problema do fundamentalismo. "Quando uma religião se transforma em ortodoxia, termina seu intimismo: a fonte seca, os fiéis vivem experiências exclusivamente indiretas e, por sua vez, apedrejam profetas", afirma. Em outras palavras, a religiosidade termina quando os fiéis param de buscar seu próprio desenvolvimento espiritual e seguem às cegas o que pregam seus sacerdotes. A consequência é terrível. "A nova Igreja, qualquer que seja a bondade humana que promova, passa a ser considerada firme aliada de todas as tentativas de abafar o espírito espontâneo e de deter todos os murmúrios posteriores da fonte que, nos dias de mais pureza, era seu único manancial de inspiração", conclui James. Ironicamente, na medida em que promove experiências espirituais indiretas, a religião mata a religiosidade dos seus seguidores. O fundamentalismo, longe de servir o desenvolvimento espiritual da humanidade, leva o homem para cada vez mais longe de Deus.

Fundamentalismo norte-americano

De acordo com a visão fundamentalista, há uma linha nítida que passa por toda a criação, separando o bem e o mal, e todos estão de um lado ou de outro dessa linha. Esta noção se tornou dominante depois dos atentados ao World Trade Center de Nova York, em 11 de setembro de 2001. Subitamente, segundo os dirigentes norte-americanos, o mundo estava dividido e ameaçado por um "eixo do mal". O fundamentalismo se instalava dramaticamente nas relações internacionais norte-americanas.

O ex-presidente dos EUA, Jimmy Carter, é uma das vozes que expressa preocupação com o envolvimento do pensamento religioso ortodoxo na política. Em seu vigésimo livro desde que deixou a Casa Branca, em 1981, Jimmy Carter critica o fundamentalismo religioso norte-americano. Carter, que se considera um "cristão conservador", por acreditar na Bíblia e na criação do Universo por Deus, lamenta os componentes fundamentalistas no Cristianismo norte-americano. Também está decepcionado com a atitude de os cristãos conservadores assumirem publicamente a devoção ao Partido Republicano, algo sem precedentes na história dos EUA. Em seu livro, o ex-presidente responsabiliza a relutância do seu próprio Partido Democrata em abraçar valores religiosos. Carter se refere ao fato de o candidato democrata nas eleições presidenciais de 2004, John Kerry, sempre parecer constrangido ao assumir sua fé católica – religião que se contrapõe ao ideal protestante anglo-saxão que impera naquele país.

As preocupações de Carter são bem fundamentadas. Os Estados Unidos são, atualmente, governados por um cristão convicto, o presidente George W. Bush, que acredita ser um instrumento de Deus e caracteriza as relações internacionais como um choque bíblico entre as forças do bem e do mal. O ex-secretário de justiça John Ashcroft, que já foi o mais alto funcionário de justiça da nação, é adepto absoluto de uma seita cristã fundamentalista – a Assembléia Pentecostal de Deus – e, diariamente, iniciava sua jornada de trabalho no Departamento de Justiça com uma reunião de orações com sua equipe. Ashcroft é periodicamente ungido com óleos santos e acredita numa visão do mundo claramente apocalíptica. Essa atitude piedosa seria muito louvável se não mascarasse a ideia básica de que "se Deus está ao meu lado, quem estiver contra mim está contra Deus".

A única religião verdadeiramente norte-americana, a Igreja de Jesus Cristo dos Santos dos Últimos Dias, também conhecida com Igreja Mórmon, é baseada numa doutrina patentemente fundamentalista, divulgada no século 19 pelo fundador da seita, o profeta Joseph Smith. A Igreja, que está crescendo num ritmo vertiginoso, conta, atualmente, com cerca de 60 mil missionários mórmons percorrendo o mundo. O sociólogo Rodney Stark previu que, em 2080, serão 300 milhões de mórmons no planeta. O mormonismo é, realmente, a religião que mais cresce no hemisfério ocidental. Nos Estados Unidos, existem mais mórmons do que presbiterianos ou episcopalistas. No mundo, os mórmons são mais numerosos do que os judeus. De acordo com o crítico e professor da Universidade de Yale, Harold Bloom, se esta expansão continuar, será impossível governar os Estados Unidos sem a cooperação dos mórmons.

Embora a Igreja Mórmon tradicional busque se afastar dos aspectos mais polêmicos da teologia de Joseph Smith, como a poligamia e o racismo, o número de fundamentalistas mórmons cresce assustadoramente. O cisma provocado pelas concessões da Igreja de Jesus Cristo dos Santos dos Últimos Dias no sentido de adaptar a teologia de Smith aos padrões éticos norte-americanos criou o incrível número de 200 outras seitas derivadas dos preceitos originais do fundador do Mormonismo, todas radicalmente fundamentalistas. Apesar de os mórmons tradicionais negarem sua existência, esses fundamentalistas buscam enfaticamente retornar aos mandamentos originais do profeta Smith. Para eles, Joseph Smith afirmou que seus seguidores eram "eleitos de Deus", os verdadeiros "filhos e filhas de Israel", e seriam chamados a desempenhar um papel importante nos Últimos Dias, quando chegasse o tão esperado Apocalipse. Essa simples afirmação, declarando que a sua comunidade é superior às demais, caracteriza um entrincheiramento que leva à violência que pontuou as primeiras décadas do Mormonismo.

De acordo com a visão fundamentalista, há uma linha nítida que separa o bem e o mal. Esta noção se tornou dominante depois dos atentados ao World Trade Center de Nova York, em 11 de setembro de 2001

Uma das principais dissidências fundamentalistas mórmons, a Igreja Fundamentalista de Jesus Cristo dos Santos dos Últimos Dias, continua a estimular a poligamia e a induzir crenças segregacionistas em seus adeptos. Os membros dessa comunidade vivem, principalmente, em Colorado City. DeLoy Bateman, ex-membro dessa seita, nascido e criado em Colorado City, narra instâncias desses fundamentalistas que deixam muito para trás a essência da teologia cristã, isto é, "amai-vos uns a outros como a si mesmos". Segundo ele, a poligamia pregada por Smith é um mal imposto sobre as mulheres. Bateman sustenta que diversas mulheres de sua cidade denunciaram ter sido vítimas de abuso sexual na infância, e a pedofilia grassa na comunidade. "Sei de membros do sacerdócio que dormiram com as próprias filhas", afirma Bateman.

Outro ensinamento original de Joseph Smith preservado pela Igreja Fundamentalista de Jesus Cristo dos Santos dos Últimos Dias é o de que os africanos e os afro-descendentes sequer são humanos. Mas, se a poligamia foi abolida entre os mórmons tradicionais – ao menos em tese e com o intuito exclusivo de se conformar às leis dos Estados Unidos –, o mesmo não pode ser dito com relação ao racismo. Tanto os mórmons tradicionais como os fundamentalistas têm horror à miscigenação. Mesmo depois que o presidente da Igreja, Spencer W. Kimball, teve, em 1978, uma revelação divina que levou à revogação da doutrina da Igreja que impedia os negros de exercerem o sacerdócio, a política oficial do Mormonismo continua sendo a de aconselhar seus membros a não se casarem com pessoas de raça negra.

Foto: Divulgação

Mosaicos que representam concepções de Jesus

Em nome da fé

Jesus propagou uma mensagem diferente, uma doutrina de paz e amor que irmanava os homens e prometia a justiça e a esperança de um reino baseado no princípio divino

Por Claudio Blanc

Poucas figuras históricas tiveram um impacto tão significativo no curso da humanidade como Jesus Cristo. Um dos maiores filósofos de todos os tempos, Jesus lançou as bases para uma religião que não só transmitiu a herança greco-romana às gerações seguintes, como também preservou muito da antiga civilização pagã. Ao mesmo tempo, Jesus propagou uma mensagem diferente, uma doutrina de paz e amor que irmanava os homens e prometia a justiça e a esperança de um reino baseado no princípio divino. Como nenhum outro antes dele, ensinou a revolucionária verdade que todos os homens e mulheres são iguais perante Deus. Falou de amor de uma forma mais profunda e abrangente que os filósofos gregos – os únicos a discutir o tema até então. Também não hesitou em sacrificar a vida em defesa dos ideais que semeava.

Quem era Jesus?

Apesar de ter sido um rabino que pregava nas sinagogas, nós o conhecemos por um nome grego – Jesus Cristo. Seu verdadeiro nome era, provavelmente, *Ieshua,* ou *Joshua, ben Joseph,* "Joshua, filho de José". Alguns dos seus seguidores afirmavam que se tratava de um homem comum, dotado de um tremendo poder espiritual; outros acreditavam que era Deus encarnado em homem.

Jesus foi visto por uns como o Messias que confirmava a Lei Mosaica, renovando o compromisso do povo judeu de cumprir os antigos mandamentos; outros o tinham como o Filho de Deus que prometia o perdão e a salvação para judeus e não-judeus além da lei dos homens, independentemente dos sacrifícios no Templo de Jerusalém e de serem circuncisados. Todos, porém, reconheciam que ele tinha aberto um novo caminho para a salvação – a chegada do "Reino dos

Foto: Sidney Doll / Afresco da Catedral Ortodoxa (São Paulo/SP)

Ilustração: Felipe Ajzemberg

Cristianismo primitivo

Depois da crucificação de Jesus, muitas interpretações diferentes dos seus ensinamentos modificaram diversos aspectos da doutrina original. Com o tempo, o Cristianismo se dividiu em várias correntes, tanto no Oriente como no Ocidente, cada qual com uma interpretação própria dos ensinamentos do Nazareno. Enquanto alguns dos seus seguidores originais buscavam manter a doutrina como uma seita restrita aos judeus, outros desejavam que os preceitos propostos fossem adotados por um maior número de pessoas – judias ou não.

Céus". Esse caminho rompia com as convenções religiosas judaicas, o que o indispôs com o sinédrio – tribunal do Templo de Jerusalém, formado por sacerdotes, anciãos e escribas. Por conta disso, Jesus foi crucificado.

Como ele deveria se submeter às leis judaicas, as quais estabelecem o casamento como um das obrigações, há grande possibilidade de Jesus ter sido casado. Desde a infância, o judeu é estimulado a se casar e a ter filhos na vida adulta, seguindo o mandamento "crescei e multiplicai-vos". Naquela época, um judeu solteiro não poderia sequer comentar seu estado civil na sinagoga. Embora Marcos cite em seu evangelho uma afirmação de Jesus, na qual explica que há aqueles que se fazem "eunucos para conquistar o Reino dos Céus", os evangelhos também atestam que Jesus pregava nas sinagogas e era respeitado por isso. Talvez esta seja a evidência mais veemente de que ele era casado.

Maria Madalena, a pecadora?

Na tradição católica, Maria Madalena é a prostituta arrependida, que percebeu as consequências dos seus atos e se converteu, dedicando-se à própria redenção. Ela representa a possibilidade de o pecador se redimir, confiando no eterno perdão de Deus. No entanto, em nenhum lugar do Novo Testamento está escrito que se trata de uma prostituta. Segundo o Evangelho de Marcos, ela é apenas uma pecadora.

Maria Madalena, ou Míriam de Magdala, é o arquétipo (imagens universais que aparecem tanto nos sonhos e nas fantasias das pessoas, como nos mitos e nas religiões) feminino das mais carnais às mais espirituais. Ela é a mulher eterna, a Sofia – a profunda sabedoria que permeia todo o universo. Essas ideias estão contidas no único texto atribuído a Maria Madalena, *O Evangelho de Maria Madalena.* O apócrifo foi descoberto em Nag Hamadi, Egito, em 1945, e é aceito como original pelos pesquisadores.

Depois da morte de Jesus, Maria Madalena foi para a Gália, atual França, difundir o Evangelho àquele povo. Ela estava acompanhada de José de Arimetéa, que levava consigo o Santo Graal.

Santo Graal

De acordo com a tradição cristã, o Graal é o vaso que José de Arimatéa usou para recolher o sangue do Cristo, quando o centurião Longino o feriu mortalmente com uma lança. Seu nome se origina do fato de ser o recipiente que armazenou o Sangue Real, ou, em francês, *Sang Royal,* termo que se corrompeu em *Saint Graal.* Depois que José de Arimatéa acompanhou Maria Madalena até a Gália, prosseguiu com o Graal para a Inglaterra.

O cálice – lapidado da grande esmeralda que caíra da coroa de Lúcifer quando ele sofreu a queda por ter traído Deus – acabou se perdendo na Inglaterra. Outras lendas dizem que o Graal continha não só o Santo Sangue, mas também o sangue de Maria Madalena. Essas lendas levaram alguns autores modernos a afirmar que Maria Madalena era o Graal com o sangue de Jesus, isto é, seu ventre fecundo do *Sangue Real,* ou Santo Graal, de Cristo.

Religião subversiva

Estevão, um dos intérpretes mais radicais e contemporâneos de Jesus, afirmou que a nova seita tornara obsoleto o Templo de Jerusalém e todos os seus sacrifícios. O grave desafio à Lei Mosaica resultou no suplício de Estevão e dos seus seguidores, confirmando o estigma do Cristianismo como uma religião subversiva.

O papel de Tiago

De acordo Pierre-Antoine Bernheim, na obra *Tiago, Irmão de Jesus,* o discípulo era irmão consanguíneo de Jesus. O autor sustenta que, depois do martírio de Jesus, o papel de Tiago teria sido mais influente que o de Pedro, por causa do seu parentesco com o mestre.

Referências a Tiago contidas nos *Atos dos Apóstolos e na Carta de São Paulo aos Gálatas* confirmam que ambos eram as principais figuras da Igreja. São Paulo chega a citar Tiago em primeiro lugar: "Tiago, Pedro e João, considerados colunas da Igreja". De fato, o discípulo comandou a Igreja de Jerusalém, presidindo o seu conselho de anciãos – uma espécie de sinédrio cristão.

Ele também é considerado autor do Protoevangelho de Tiago – texto mais antigo sobre a Infância de Jesus. Muitos estudiosos acreditam que estess textos são anteriores aos Evangelhos Canônicos, fato que é justificado com a origem do nome, visto que a palavra "proto" vem do grego *protos* e significa "primeiro". Assim, esse seria o Primeiro Evangelho. O Protoevangelho mereceu a consideração dos principais patriarcas da Igreja cristã. Orígenes, Clemente, Pedro de Alexandria, São Justino e São Epifânio recomendavam os escritos.

Primeira cisão

Pedro e outros apóstolos defendiam a difusão da mensagem cristã para uma comunidade unificada de judeus e gentios. Tiago, não. Temia que isso provocasse um movimento de renovação dentro do Judaísmo ou criasse uma religião afastada de suas raízes. Observador das normas judaicas, Tiago defendia que os preceitos fizessem parte do Cristianismo.

A cisão entre os seguidores de Jesus se agravou, principalmente, depois da intervenção de um influente cristão que havia se convertido depois da morte de Jesus: Paulo de Tarso. Sua versão dos ensinamentos de Cristo, a sistematização da nova religião estabelecida nas suas epístolas – as cartas dos apóstolos instruindo as primitivas Igrejas cristãs –, acabou se tornando a forma mais amplamente aceita de Cristianismo.

Foto: Divulgação / ABr / Valter Campanato

O Papa Bento XVI visitou o Brasil em 2007

Paulo de Tarso

O judeu Paulo, que também era chamado de "Saulo", nasceu em Tarso – cidade grega perto da costa sul da atual Turquia. De família rica e influente, fora educado na filosofia dos mundos grego e romano e nas tradições das escrituras hebraicas. Era um homem de duas culturas, que sequer havia conhecido Jesus. No entanto, certa vez, teve uma visão de Cristo. Na estrada de Damasco, ele experimentou a iluminação e a transformação do Cristianismo – palavras-chave na história dos primeiros cristãos. A partir de então, abraçou a nova fé e se dedicou a sistematizar e a divulgar sua interpretação do Cristianismo.

Para Paulo, a "boa nova" proclamada por Jesus se destinava não só a Israel, mas também aos gentios, isto é, aos não-judeus. No entanto, a abrangência da missão apostólica de Paulo – ele pregou em praticamente todo o Mediterrâneo – e o fato de ter sido um cidadão de Roma foram pontos cruciais para o sucesso da sua versão do Cristianismo.

Paulo de Tarso teve uma visão de Cristo. Na estrada de Damasco, experimentou a iluminação e a transformação do Cristianismo – palavras-chave na história dos primeiros cristãos

Evangelhos

As obras que compõem o Novo Testamento têm sido motivo de discussão desde, praticamente, a sua criação. Por volta de 140, Marcião, filho de um bispo do Norte da Ásia Menor (algumas correntes cristãs sempre permitiram o casamento de sacerdotes) e fundador de uma facção cristã, os marcionitas, tentou reformar a Igreja. Ele rejeitou o Antigo Testamento e elaborou uma lista dos textos das Escrituras que deveriam, segundo seus critérios, ser aceitos. Marcião citava apenas um dos Evangelhos, o de Lucas, e incluía dez das cartas de Paulo. As propostas de Marcião deram início a uma controvérsia feroz, que só foi resolvida no Concílio de Nicéia, em 325, quando o imperador Constantino, depois de ter adotado o Cristianismo como religião oficial do império, interveio decisivamente no debate.

No final do século 2º, os Evangelhos de Mateus, Marcos, Lucas e João foram proclamados "Canônicos" pelo bispo

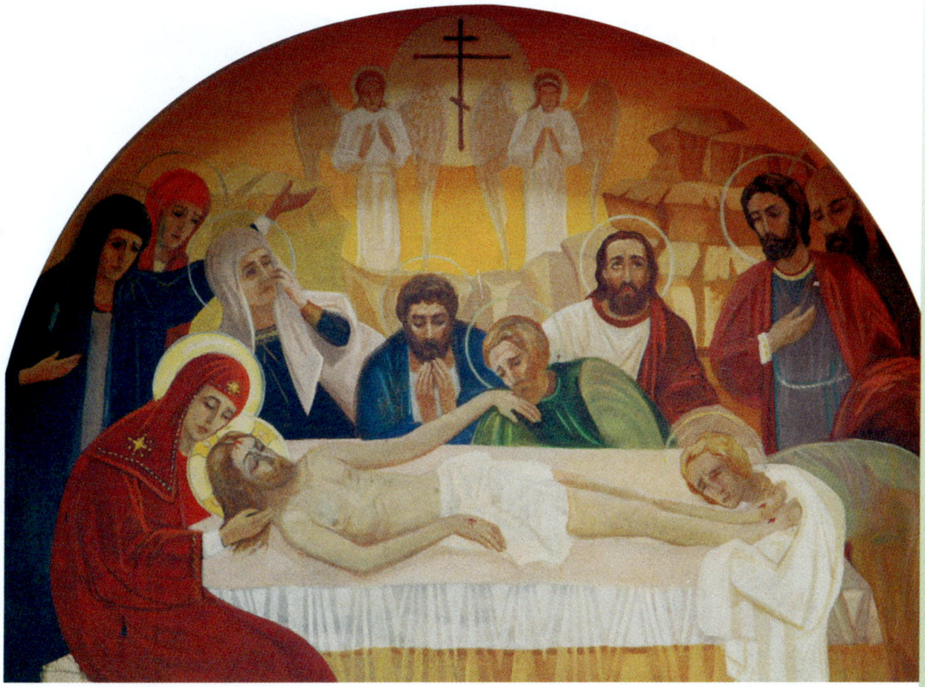
Foto: Sidney Doll / Afrescos da Catedral Ortodoxa (São Paulo/ SP)

Afresco da Catedral Ortodoxa de São Paulo que retrata Jesus morto, antes de ser sepultado

de Lyon Irineu – um proeminente teólogo da época. O Novo Testamento começava, finalmente, a tomar forma. Por volta do ano 300, os quatro evangelhos, o relato conhecido como *Atos dos Apóstolos* e a maioria das cartas de Paulo foram aceitos como textos oficiais.

Havia, contudo, outras obras rejeitadas. Muitos dos escritos feitos a partir da tradição oral transmitida pelos apóstolos originais eram extremamente importantes na preservação da pureza da essência cristã, mas sumiram no tempo. Mesmo assim, não quiseram calar. Depois de quase dois milênios de esquecimento, ressurgiram casualmente, revelando um aspecto dos ensinamentos de Cristo há muito esquecido – talvez até mesmo mais próximo da doutrina cristã original.

Apócrifos

No Egito do século 4º, por ordem do Bispo Atanásio de Alexandria, foram destruídos inúmeros documentos considerados heréticos. O bispo seguia uma resolução do Concílio de Nicéia, que estabelecia a destruição dos textos gnósticos. Porém, alguns monges egípcios buscaram preservar seus códices e os esconderam em urnas de argila, que foram enterradas próximo à cidade de Nag Hamadi, no Egito.

Em dezembro de 1945, um camponês árabe fez uma espantosa descoberta arqueológica naquele local. Enquanto Muhamed Ali al-Salmman trabalhava a terra, descobriu um pote de cerâmica vermelha de quase um metro de altura. Dentro do vasilhame, havia 13 livros de papiro encadernados em couro. Sem suspeitar a importância da descoberta, o camponês deixou os livros sob os cuidados de um sacerdote local. Depois, um professor de história viu os papiros e, suspeitando que fossem valiosos, enviou um deles para ser avaliado no Cairo. Confirmada a antiguidade dos manuscritos, eles começaram a ser vendidos no mercado negro, caindo nas mãos de estudiosos europeus.

Logo, descobriu-se que os manuscritos eram uma coletânea de antigos evangelhos cristãos até então desconhecidos. Além do *Evangelho de Tomé*, a descoberta incluía o *Evangelho de Felipe*, o *Evangelho da Verdade*, o *Evangelho dos Egípcios* e textos atribuídos a seguidores de Jesus, como *O Livro Secreto de Tiago*, o *Apocalipse de Paulo* e o *Apocalipse de Pedro*. Entre eles, também estava o *Evangelho de Maria Madalena*, cujo conteúdo leva a crer que Jesus e Maria Madalena tinham uma relação de amor e intimidade.

Por causa do sigilo com que atravessaram os séculos, esses livros ficaram conhecidos como apócrifos, do grego *apocryphon*, ou "secretos".

Gnosticismo

Nos primeiros séculos do Cristianismo, os gnósticos estavam entre as muitas correntes cristãs. Os membros do Gnosticismo consideravam-se um grupo de elite que tinha a chave da salvação. Eles preconizavam que só o conhecimento místico de Deus trazia a paz interior e a salvação.

Os manuscritos de Nag Hamadi abordavam a crença em dois reinos distintos: o da luz espiritual, governado por um ser único, transcendente e totalmente impossível de se descrever; e o material, com as trevas e a ignorância da humanidade. A gnose, o conhecimento místico de Deus, é a ponte da salvação que leva da materialidade cega ao reino do espírito. Para os gnósticos, Jesus não era o filho de Deus feito homem. Era, antes, o grande revelador da gnose. Os gnósticos negavam a Ressurreição.

Existiam cerca de 30 grupos diferentes dessa ramificação do Cristianismo, durante o segundo e o terceiro séculos depois de Cristo. G.R.S. Mead (1863 – 1933), colaborador de Helena Blavatsky na Sociedade Teosófica, escreveu em seu *A Gnosis Viva do Cristianismo Primitivo* (Editora Núcleo Luz, Brasília, 1995) que "a verdadeira gnose é o foco central do genuíno Cristianismo". Segundo Mead, o objetivo dos cristãos primitivos era obter a gnose ou o conhecimento místico. Ele afirma que é a apoteose da mente, uma fusão com a mente divina, quando se transfigura e alcança a comunhão com o Divino que está em nós.

Certos teólogos gnósticos, como Valentim, ativo em Roma entre 140 e 150, fundador da seita dos valentianos e que quase se tornou papa, tiveram grande peso nos primeiros séculos do Cristianismo. No entanto, enquanto Roma perseguia cristãos de todas as facções, os bispos perseguiam os gnósticos. No final, os gnósticos perderam sua influência e desapareceram.

Jesus teria realizado a ceia na casa de um bem-feitor muito rico

O fato de Jesus ter escolhido 12 apóstolos é significativo e cercado de simbolismo. Por isso, os 11 discípulos resolveram repor o número original, escolhendo ao acaso um substituto de Judas. A sorte caiu em Matias, que seria o 13º apóstolo

Depois de Jesus

Após a morte de Jesus, seus discípulos começaram a espalhar a notícia de que ele tinha ressuscitado dos mortos e ascendido aos céus, onde se sentara à direita de Deus, o lugar de onde viria a julgar os vivos e os mortos no final dos tempos. Os apóstolos passaram a se reunir em seu nome e a divulgar os ensinamentos de seu mestre.

No início, a nova seita judaica se enraizou apenas nas comunidades judaicas. Não demorou muito, porém, e as palavras de Jesus começaram a ser pregadas também para os gentios, isto é, para comunidades não-judaicas. Essa foi uma decisão tomada por um conselho de cristãos de Jerusalém, realizado em 49, do qual participaram os apóstolos Tiago, Pedro e Paulo de Tarso.

Conforme observou o historiador britânico J.M. Roberts, Joshua de Nazaré "jamais ultrapassou o mundo intelectual da Lei e dos profetas". O principal articulador da expansão do Cristianismo para além da esfera do Judaísmo foi Paulo de Tarso. Ele foi o grande advogado dos muitos gentios que se interessavam pelo novo ensinamento, defendendo a ideia de que eles não precisavam aceitar o rigor da religião judaica, como se submeter à circuncisão e à observação de restrições alimentares, para se tornarem membros da seita. Paulo, que era um homem culto, traduziu para o grego a sua visão da mensagem de Joshua. Ao fazer isso, adaptou os ensinamentos cristãos à linguagem e às ideias da filosofia grega, vestindo os ensinamentos originais de Joshua numa nova roupagem e criando um híbrido entre o Judaísmo e a filosofia grega. Ele afirmou que Jesus Cristo era, de fato, Deus, e não homem, e usou as ideias gregas de distinção entre a alma e o corpo, bem como do vínculo de um mundo material visível e de um mundo espiritual invisível. Por conta disso, pode-se dizer que Paulo de Tarso foi o verdadeiro criador do Cristianismo.

Os apóstolos

Se foi Jesus quem concebeu a promessa de um novo reino de justiça e amor, foram seus 12 discípulos mais próximos quem se empenharam em anunciar essa "boa nova" pelo mundo. Não eram mais que um grupo de judeus desacreditados pelo seu próprio povo e vistos pelos gregos e romanos cultos como ralé supersticiosa, que insistiam em alardear que seu mestre era o tão esperado Messias. Apesar disso, viajaram pelo Império Romano propagando a mensagem de fé, amor e humildade do seu mestre.

Os 12 apóstolos designados passaram a ser liderados por Simão Pedro. Judas Iscariotes teria se suicidado, ou, conforme atesta a recente descoberta de um evangelho de sua autoria, se retirado para o deserto. Mas o fato de Jesus ter escolhido 12 apóstolos é significativo e cercado de simbolismo. Por isso, os 11 discípulos restantes resolveram repor o número original, escolhendo ao acaso um substituto de Judas. Eles pensavam que, desse modo, a vontade de Deus se manifestaria. A sorte caiu em Matias, um dos seguidores que acompanhara Jesus durante todo seu ministério e, por isso, poderia testemunhar sua Ressurreição. Foi assim que ele se tornou o 13º apóstolo.

O grupo incluía dezenas de outros discípulos que se juntavam ao círculo mais próximo de Jesus em contínua oração. A maioria dos seus nomes se perdeu na História. Outros são mencionados no Novo Testamento, como Maria, mãe de Jesus, e quatro jovens que muitos acreditam serem os irmãos de Jesus, Tiago, José, Simão e Judas. Lucas menciona em seu Evangelho as mulheres que apoiaram e acompanharam Jesus desde a Galiléia até Jerusalém. Entre elas, Miriam de Magdala ou Maria Madalena, e Joana, a aristocrática esposa de Herodes Antipas.

Pentecostes

No ano em que Jesus morreu, na manhã de Pentecostes – uma festa para celebrar a colheita do trigo, comemorada 50 dias depois da Páscoa –, cerca de 120 seguidores de Jesus de diversas partes do Oriente se reuniram com os 11 apóstolos originais em Jerusalém. Enquanto oravam e lembravam o seu mestre, um vento forte começou a rugir, como uma tempestade vinda dos Céus, invadindo a casa onde os onze discípulos se encontravam. Línguas de fogo surgiram e, milagrosamente, ardiam sobre cada um dos apóstolos. No mesmo instante, eles sentiram uma força dentro de si, à medida que o Espírito Santo os inundava. Então, os discípulos começaram a falar em línguas estrangeiras que nunca tinham antes dominado.

O Espírito Santo tinha descido como uma onda sobre os apóstolos, e eles falaram à multidão conforme o Espírito lhes concedia que se expressassem. Escutando os seguidores de Jesus, os presentes na celebração de Pentecostes ouviram, além do aramaico e do grego comuns em Jerusalém, as línguas de todos os lugares de onde vinham os peregrinos. Tocadas com a pregação dos apóstolos, três mil pessoas se renderam aos ensinamentos de Jesus. A partir de então, os apóstolos saíram pelo mundo antigo pregando a palavra de Cristo e estabelecendo Igrejas e sucessões apostólicas por onde passavam.

André, o primeiro escolhido

André, que era discípulo de João Batista, foi tocado pela esperança messiânica e guiado por Batista até Jesus. No dia seguinte do batismo do nazareno, João Batista estava com André e João às margens do Rio Jordão, quando Jesus passou. Então, Batista disse simplesmente: "Eis o Cordeiro de Deus". Intrigados, André e João o seguiram. Jesus notou a presença deles e perguntou o que buscavam. "Rabi, onde assistes?", perguntaram. Jesus levou-os à casa onde estava hospedado e eles passaram a noite com o mestre. André reconheceu Jesus como o Messias, tornando-se seu primeiro discípulo. Por isso, André é reconhecido pela Liturgia como o "protocleto", ou seja, o primeiro a ser chamado. Segundo o Evangelho de João, logo depois desse encontro, o pescador André levou seu irmão mais velho, Simão Pedro, para conhecer Jesus.

De acordo com os *Atos de André*, um apócrifo escrito provavelmente por volta do ano 260, o apóstolo pregou em Epiro, Trácia, Galácia, Bitnia, Cítia, Danúbio e Acaia, países do Oriente Médio. Os escritos dão conta de que o apóstolo foi martirizado em Patras, sobre uma cruz disposta em "X" – a cruz de Santo André. Isso aconteceu porque o missionário persuadiu a esposa de Egeates, governador romano da Acaia, na Grécia, a viver em total castidade. É claro que Egeates não gostou. Enfurecido, o governador ameaçou torturar André se a esposa não voltasse ao leito nupcial. O apóstolo, porém, aconselhou a mulher a se manter firme. Egeates mandou, então, açoitar André e crucificá-lo. Mas o santo continuou a pregar na cruz, durante os dois dias que o seu martírio durou.

Bartolomeu, o viajante

Bartolomeu ou Natanael, nascido em Caná, na Galiléia, foi apresentado a Jesus pelo seu melhor amigo, ou talvez até irmão, Felipe. Como outros, Bartolomeu é um apóstolo pouco documentado. Enquanto os *Evangelhos Sinóticos* – os textos congruentes de Mateus, Marcos e Lucas – concordam que seu nome era Bartolomeu, João o menciona como Natanael.

A tradição o localiza pregando em lugares distantes de Israel, como Índia, Armênia, Irã, Síria e por algum tempo na Grécia, com Felipe. De acordo com uma tradição, ele é o autor do apócrifo *Evangelho de Bartolomeu*. Foi martirizado na Armênia, onde, por ordem dos sacerdotes locais, teve sua pele retirada e depois foi decapitado. Outra tradição relata que ele serviu como missionário na Índia e que foi crucificado de cabeça para baixo.

Felipe, o místico

Existem pouquíssimas referências sobre a vida do apóstolo chamado Felipe. O Evangelho de João é o único a dar informações sobre ele. Segundo João, Jesus encontrou-se com ele pela primeira vez em Betânia, no Rio Jordão. Há apenas três menções a Felipe nos textos canônicos. A tradição cristã sustenta, porém, que o autor do apócrifo *Evangelho de Felipe* pregou na França, evangelizou o sul da Rússia, a Ásia Menor e até mesmo a Índia. E a lista não pára aí. Outra tradição o coloca no Egito e na Etiópia. Depois, Felipe teria ido para a Grécia onde viveu em Hierápolis com suas quatro filhas profetizas. Foi nessa cidade que teria sido martirizado e crucificado de cabeça para baixo, aos 87 anos.

Fotos: Mônica Antunes / Tela de Maria Tereza Freitas Vilela

Judas, o traidor

Judas Iscariotes nasceu numa aldeia da Judéia, Queriote, e, por isso, foi o único entre os apóstolos que não era da Galiléia. Dizem as tradições que estava entre os primeiros a se unir a Jesus. Talvez, por isso, e por ser um dos poucos instruídos, tornou-se o tesoureiro dos apóstolos, administrando o dinheiro comum.

Apesar da infâmia associada ao traidor de Jesus, segundo o recém-descoberto *Apócrifo de Judas*, o apóstolo teria sido escolhido por Jesus para traí-lo. Houve até mesmo uma seita de seguidores de Judas, os Iscariotes. Segundo o texto, de todos os apóstolos de Jesus, o mais adiantado foi Judas, a quem tocou representar o papel mais terrível, isto é, o de traidor. De acordo com a descoberta, Judas não se suicidou. Após a morte do mestre, ele se retirou para o deserto em busca de purificação e, depois, voltou para orientar seus seguidores.

Judas Tadeu, primo do mestre

Judas Tadeu é um dos apóstolos de Jesus mais difíceis de se identificar. Isso porque o Novo Testamento se refere a três discípulos com o mesmo nome – Judas Iscariotes; Judas, irmão de Jesus; e Judas, o galileu. Judas Tadeu era agricultor, filho de Alfeu ou Cleofas, que era irmão de São José, pai de Jesus. Era, portanto, primo-irmão de Jesus por parte do pai. Conforme Eusébio, que escreveu a história do Cristianismo até os tempos do imperador Constantino, Judas Tadeu teria sido o esposo nas Bodas de Caná, o que explicaria a presença de Maria e de Jesus. A tradição diz que ele evangelizou a Mesopotâmia, a Palestina, a Síria e a Arábia. Entre os anos de 43 e 66, é localizado na Armênia, onde se juntou a quatro outros Apóstolos do Oriente. Segundo relata São Jerônimo, em 28 de outubro de 70, Judas Tadeu foi martirizado cruelmente na Pérsia, morto a golpes de machado desferidos por sacerdotes pagãos, por se recusar a prestar culto à uma deusa local. Por conta da forma como foi martirizado, sempre é representado em suas imagens segurando um livro, simbolizando a palavra que anunciou, e uma machadinha, o instrumento de seu martírio.

Simão, o Zelote

Simão Zelote era outro seguidor de Jesus da Galiléia. É provável que fosse chamado de Zelote por pertencer à seita judaica conhecida como Zelotes. Este partido representava uma tendência mais radical entre os nacionalistas judeus. Seu objetivo era expulsar os dominadores romanos com a revolução armada. Simão pregou no Oriente e no norte da África ao lado de Judas Tadeu e Felipe. Foi martirizado na Pérsia.

Fotos: Mônica Antunes / Tela de Maria Tereza Freitas Vilela

Os Essênios e os Manuscritos do Mar Morto

Em 1947, o pastor Muhammed el-Dhib, conhecido entre os membros da tribo beduína Ta'amireh como "Lobo" fez uma das mais importantes descobertas arqueológicas do século 20. Dentro de uma caverna que encontrou casualmente, o pastor recuperou um vaso de cerâmica repleto de antigos manuscritos. Sem suspeitar da importância desses manuscritos, el-Dhib anunciou sua descoberta.

Um ano depois, Roland Devaux, um padre francês dominicano que chefiava a escola bíblica em Jerusalém, conduziu pesquisas arqueológicas sistemáticas na região de Qumram. Além dos arqueólogos, os próprios beduínos continuaram a busca pelos artefatos. Até 1956, 11 cavernas foram descobertas – cinco pelos beduínos e seis pelos arqueólogos. Em uma delas – a caverna 4 – foram encontrados 15 mil fragmentos de pelo menos 600 textos. A maioria dos textos foi guardada no Museu Rockfeler e, em Jerusalém, no Instituto de Antiguidades de Israel (IAI).

O professor Sukinik e o padre Devaux definiram os rolos como sendo da época do segundo templo, apoiando a teoria de que faziam parte da biblioteca dos Essênios – uma seita sectária judaica da época. Essa tese acabou sendo comprovada por provas linguísticas, paleográficas e históricas, corroboradas por identificação por carbono 14. Alguns manuscritos foram escritos e copiados no século 3° a.C., mas a maioria do material data do século 1° a.C. Outros textos datam da época da destruição da comunidade, em 68, pelas legiões romanas. A importância desses documentos está no fato de serem as cópias mais antigas conhecidas da Bíblia hebraica, que é, também, o Velho Testamento. Eles revolucionaram as críticas aos textos da Bíblia hebraica. Anteriormente, a fonte mais antiga de estudos era o *Codex de Alepo*, do início do século 10 da era cristã.

Duas Bíblias

Os *Manuscritos do Mar Morto*, como vieram a ser conhecidos, mostram que havia várias versões da Bíblia circulando naquela época. A partir deles, também é possível traçar o desenvolvimento da língua hebraica, inclusive o conhecimento das práticas dos escribas. Apesar de não fazerem qualquer referência ao Cristianismo, as escrituras dos Essênios dão uma clara visão do ambiente histórico e social em que esta religião se desenvolveu, a partir do Judaísmo. Há semelhanças entre as crenças e práticas delineadas na literatura de Quram e as dos primeiros cristãos, incluindo rituais de batismo, refeições comunais e direitos de propriedade. Há um paralelo interessante das estruturas organizacionais. Os Essênios se dividiam em 12 tribos lideradas por 12 chefes, semelhante à estrutura inicial da Igreja com seus doze Apóstolos – os líderes da nova religião.

Os fragmentos de Qumram incluem todos os livros da Bíblia, exceto o Livro de Ester. Sabe-se que, entre esses textos, os Essênios prezavam mais a Torá. Além desses, foram encontrados mais de 400 textos não-bíblicos, desconhecidos antes de 1947. Segundos muitos estudiosos, esses textos representam o verdadeiro tesouro de Qumram. As obras, escritas em hebraico, aramaico e grego, revelam as crenças e os costumes de uma comunidade piedosa. Essas múltiplas cópias são relacionadas às regras e às ordenações da comunidade de Qumram, aos comentários bíblicos, às revelações e às liturgias, produzidas entre o final do século 2º e 68 d.C.

Essênios?

O padre Roland Devaux acreditava que a escavação desse sítio poderia fornecer provas que ajudariam a identificar as pessoas que depositaram os manuscritos nas cavernas. As pesquisas lideradas por Devaux, entre 1951 e 1956, revelaram um complexo de estruturas consideravelmente preservadas. O arqueólogo descobriu que essas estruturas tinham um caráter comunal. Havia torre de observação, refeitório coletivo, escritório onde os pergaminhos eram copiados, armazéns, oficinas de cerâmica, cisternas de água e banhos rituais. Além disso, foram escavados vários utensílios de pedra, moedas, tecidos e objetos de couro e madeira, preservados graças ao clima seco do deserto. Essas descobertas são importantes porque dão uma ideia da vida diária da comunidade. Devaux acreditava que o sítio era o retiro desértico da seita dos Essênios. Segundo ele, a comunidade teria vivido ali por mais de 200 anos, entre 150 a.C. e 68. As moedas e alguns dos utensílios demonstram que Qumram não era uma comunidade isolada. De fato, autores antigos, como Plínio, o Velho, e Filo, confirmam que os Essênios estavam presentes não só em Qumram, mas também na Judéia e por todos os oásis do Mar Morto.

A palavra "essênio" não é mencionada nos pergaminhos do Mar Morto. No entanto, os argumentos que confirmam a tese de que a comunidade mista de Qumram era de essênios estão na divisão dos três grupos do Judaísmo, referidos nas escrituras de Qumram: Efraim, Menassé e Judá, que corresponde aos fariseus, saduceus e essênios. Como a comunidade de Qumram se referia a si mesma como Judá, os estudiosos concluíram que eles eram de fato essênios.

Três grupos

Acredita-se que a seita de Qumram foi originada pelos círculos religiosos anti-helenistas preocupados com a crescente difusão da cultura grega, que lutaram para se manterem fiéis à Torá. O historiador judeu do século 1º, Flavius Josephus, relata que os judeus da época do segundo templo se dividiam em três grupos: os saduceus, os fariseus e os essênios. Os saduceus incluíam as principais famílias sacerdotais e aristocráticas. Os fariseus constituíam os círculos laicos; já os essênios eram isolacionistas, o que acabou formando uma comunidade monástica ascética isolada no deserto. Os estudiosos acreditam que a crise que levou os Essênios ao isolamento do Judaísmo aconteceu quando os príncipes macabeus – Jonatas (160 – 142 a.C.) e Simão (142 – 134 a.C.) – usurparam o ofício do sumo sacerdote. Isso consternou sobremaneira os judeus conservadores. Muitos não tolera-

João, o discípulo querido

João é um dos apóstolos de quem mais se tem informação. Logo depois que ele e Tiago entraram para o círculo íntimo dos discípulos de Jesus, o mestre os apelidou de "filhos do trovão". João foi o único apóstolo que permaneceu ao pé da cruz. Nessa ocasião, Jesus pediu a ele que cuidasse de sua mãe. Segundo a tradição cristã, ele tomou conta de Maria enquanto evangelizava em Éfeso, onde ela morreu, durante o reinado de Trajano, que governou de 98 a 117. Vários autores confirmaram a tradição de que foi em Éfeso que João escreveu seu Evangelho e três Epístolas. O teólogo Jerônimo, do século 4º, conta sobre um ancião chamado João que era carregado para as reuniões da Igreja de Éfeso. Sem forças para pregar, limitava-se a dizer: "meus filhinhos amai-vos uns aos outros". João foi preso durante a perseguição de Domiciano (81 – 96) e exilado na Ilha de Patmos, no Mar Egeu. Nessa ilha estéril, João teria composto o *Apocalipse*, ou *Revelação*, o derradeiro livro da Bíblia. Foi o último dos apóstolos a morrer e, possivelmente, o único a falecer de causas naturais.

Tiago, irmão de Jesus

Tiago, filho do carpinteiro José, era irmão de Jesus. Num texto apócrifo, Evangelho dos Hebreus, o Cristo ressuscitado teria aparecido pela primeira vez a Tiago, o que estabeleceria sua preeminência sobre Pedro como autoridade suprema da Igreja. São Jerônimo, porém, jamais aceitou que Tiago fosse irmão de Jesus. De acordo com o tradutor da Bíblia, eles eram primos. Tiago seria filho de uma irmã de Maria que tinha o mesmo nome, Maria Cléofas. Essa tese acabou sendo adotada pela tradição católica. Segundo os historiadores Hegesipo, Clemente de Alexandria e Flávio Josefo, o apóstolo teria sido condenado por se recusar a denunciar os cristãos, e foi apedrejado e pisoteado até a morte, por ordem do Conselho do Templo, o sinédrio, em 62.

Pedro, o príncipe dos apóstolos

Também conhecido como "príncipe dos apóstolos", Pedro era um homem simples, rude e de pouca instrução. Pescador, morava em Cafarnaum, na Galiléia, cidade banhada pelo Lago de Genesaré. Pedro foi, ao lado de Tiago, o líder mais influente da igreja primitiva. Suas atitudes, descritas nos Evangelhos, levam a crer que era um homem impulsivo e contraditório. O texto apócrifo *Pistis Sophia* deixa claro o antagonismo entre ele e Maria Madalena, ao citá-lo reclamando com o mestre: "Meu Senhor, nós não podemos aguentar esta mulher, pois ela tira a nossa oportunidade e não deixa nenhum de nós falar". Na réplica, Maria Madalena disse a Jesus: "Meu Senhor, minha mente está sempre pronta para todo momento adiantar-me e apresentar a interpretação do que Pistis Sophia proferiu. Mas tenho medo de Pedro, porque ele ameaçou-me e odeia nosso sexo".
Pedro foi preso por ordem do Rei Agripa I e encaminhado à Roma no reinado de Nero. Ao ser informado da sentença, consta que ele sentiu-se honrado. No entanto, pensou não ser digno de morrer como seu mestre e pediu para ser crucificado de ponta cabeça, por volta do ano 65. Algumas fontes sustentam que sua mulher teria sido levada às feras no Coliseu, no mesmo dia em que ele foi crucificado.

Fotos: Mônica Antunes / Tela de Maria Tereza Freitas Vilela

ram o sacrilégio e denunciaram os governantes. O resultado foi uma perseguição aos Essênios e ao seu líder, o Mestre da Justiça – o que, provavelmente, acabou influenciando as visões apocalípticas da seita. Elas profetizavam a ruína do "sacerdote perverso" de Jerusalém e prenunciavam o início de uma era messiânica, quando a comunidade seria, finalmente, reconhecida como os "verdadeiros israelitas". Assim, esses judeus se isolaram no deserto, buscando se separar dos "homens perversos".

Precursores do cristianismo

Um dos aspectos mais importantes da comunidade de Qumram eram as refeições comunais, derivadas de pães e bebidas feitas com uva, conforme aponta o livro *Regras da Comunidade* – um texto encontrado entre os pergaminhos do Mar Morto. Eram os principais eventos diários da comunidade. O historiador Flavius Josephus confirma o papel central deste procedimento entre os Essênios, escrevendo que eles iam ao refeitório "como se estivessem indo ao santuário". As refeições eram realizadas duas vezes ao dia e tinham todas as características de um rito sagrado. Acredita-se que essa cerimônia foi modelada nas refeições rituais que aconteciam no Templo de Jerusalém.

A alimentação da comunidade se constituía basicamente de pão molhado em vinagre de vinho e sopa de vegetais, em geral lentilhas. Os arqueólogos também escavaram restos de ossos carbonizados depositados nos espaços ao redor dos edifícios. Isso demonstra que os habitantes de Qumram também comiam carne de ovelhas, de cabras e de bois. De acordo com as rigorosas leis de pureza de sacrifício, a carne era cozida em água ou assada em espetos. Outras evidências arqueológicas revelam que a dieta dos Essênios também incluía tâmaras e produtos lácteos. A principal bebida da comunidade era o *tirosh* ou "vinho novo". Tal vinho, feito com suco recém-prensado, tinha um teor alcoólico muito menor do que o vinho comum, submetido a um processo de fermentação mais longo. Esses achados estabelecem de forma clara a importância ritual das refeições comunais da seita de Qumram e as práticas posteriores das comunidades monásticas cristãs. De fato, a reunião comunal, as preces realizadas antes e depois das refeições, a bênção sobre a comida e o silêncio enquanto se come são elementos presentes até hoje nessas comunidades. Alguns estudiosos sustentam que a posição central do pão e do vinho prenuncia elementos

Outras teorias

Alguns estudiosos acreditam que os manuscritos não foram escritos pelos Essênios. Eles defendem a ideia de que os pergaminhos constituem uma coleção eclética, talvez até mesmo uma parte da biblioteca do Templo de Jerusalém. Outros pensam ainda que os textos são de autoria dos precursores ou, até mesmo, dos seguidores de Jesus: cristãos judeus que ainda seguiam leis judaicas.

Mateus, o cobrador de impostos

Mateus Levi era um cobrador de impostos. Por causa da natureza de seu trabalho, certamente, o autor do *Evangelho de Mateus* sabia ler e escrever. Além disso, parece que foi um homem rico. Mateus acompanhou Jesus em peregrinações, presenciou milagres e ouviu ensinamentos, que mais tarde relatou no seu evangelho, escrito em aramaico. Algumas fontes sugerem que passou seus últimos anos pregando na Pártia e na Etiópia, onde teria ressuscitado a filha do rei local. Certos estudiosos afirmam que ele esteve também na Arábia e na Pérsia, e há tradições que sustentam que foi martirizado na cidade de Nadabá, na Etiópia, em 60. Fontes hebraicas afirmam que foi condenado a morte pelo sinédrio. Outros relatos informam ainda que ele teria sido apedrejado, queimado e decapitado na Etiópia.

Tiago, patrono da Espanha

No seu *De vita et Obitu Sanctorum* (Vida e Morte dos Santos), Isidoro de Sevilha conta que, depois da ascensão de Jesus, Tiago evangelizou a Espanha, tornando-se patrono do país. Em aproximadamente 813, o bispo local foi informado da ocorrência de um milagre, nos campos da Via Ária. Segundo os relatos, uma estrela fixa iluminava o local do sepulcro. O bispo mandou investigar e, depois de escavarem o local, o sepulcro com o nome do apóstolo Tiago foi descoberto. O lugar ficou conhecido como *Campus Stellae*, nome que inspirou Compostela, e foi imediatamente resguardado pela Igreja Católica. O rei Alfonso II, o Casto, mandou construir um pequeno templo para proteger o túmulo do apóstolo. Em 997, porém, o templo foi incendiado pelos muçulmanos. O sucessor de Alfonso II, Alfonso III, ergueu uma nova igreja, maior do que a capela de pedras construída no reinado de seu antecessor. Com o tempo, Santiago acabou se tornando, junto com Roma, um dos principais centros de peregrinação cristã na Europa.

Tomé: ver para crer

O apóstolo Tomé ou Tomás, também era conhecido como "Judas Tomé", ou ainda "Dídimo Judas Tomé". Ausente na primeira aparição de Cristo após a Ressurreição, Tomé duvidou dos outros apóstolos que diziam que Jesus tinha voltado. Oito dias depois, todos os discípulos estavam reunidos, numa casa com as portas fechadas. De repente, Jesus apareceu no meio deles, como se as portas da casa estivessem abertas. João registrou as palavras de Jesus: "a paz esteja convosco!. E depois disse a Tomé: Põe teu dedo aqui e vê minhas mãos! Estende tua mão e põe-na no meu lado e não sejas incrédulo, mas crê!". O boquiaberto apóstolo teria respondido: "Meu Senhor e meu Deus!". Foi Tomé quem levou o Cristianismo à Índia, em 52. Foi martirizado e morto em 53 pelo rei de Milapura, na cidade indiana de Madras, onde ficam o monte São Tomé e a catedral de mesmo nome, supostamente local de seu sepultamento. Historiadores acreditam que o apóstolo foi morto a flechadas enquanto rezava.

Fotos: Mônica Antunes / Tela de Maria Tereza Freitas Vilela

encontrados na descrição da Santa Ceia do Novo Testamento. Além disso, a ordem da bênção, primeiro do pão e depois do vinho, conforme prescrito nas regras da comunidade é inversa à tradição judaica, mas igual às descrições dos Evangelhos de Mateus, Marcos e Lucas sobre a Última Ceia de Jesus.

Santos: exemplos de fé e de vida

Os santos são precursores da ética cristã, homens e mulheres que, pelo exemplo de vida, merecem ser reverenciados. Estes mártires são uma inspiração para os fiéis e uma prova da força da fé. A Igreja vê os santos como servos e amigos de Deus, cujo exemplo de vida os fez merecedores de um amor divino especial.

De acordo com a tradição católica e ortodoxa, os santos e santas também têm o poder de interceder pelos seus irmãos, que vivem e sofrem, como eles uma vez fizeram. Quando o fiel ora para o santo de sua fé, ele está pedindo sua intercessão junto a Deus. Assim, os santos são também intermediários entre os homens e Deus. Segundo Santo Agostinho, eles são distribuidores de dádivas sobrenaturais e operam verdadeiros milagres. A confiança depositada na entidade gera força no fiel, que acaba por alcançar verdadeiros milagres. Enquanto maior a identificação, maior será a certeza de que aquele santo poderá despertar esse poder místico em favor do devoto.

Na Antiguidade, o termo "santo" era usado para designar todos os cristãos. Posteriormente, o título passou a honrar os mártires executados em defesa da nova fé. Os primeiros patriarcas e as liturgias das Igrejas Oriental e Ocidental começaram a registrar por escrito os martírios sofridos por esses abnegados religiosos. Os relatos circulavam de igreja para igreja no mundo cristão, venerando a memória daqueles que morreram pela sua crença.

O texto mais antigo sobre o suplício sofrido por um cristão é a epístola circular da Igreja de Esmirna, que celebra o aniversário do martírio de São Policarpo, executado em 23 de fevereiro de 155. A epístola conta que, durante uma perseguição aos cristãos da Turquia, Policaporpo, bispo de Esmirna, viu, em um sonho, seu travesseiro se incendiando. Ao ser preso, Policarpo se recusou a blasfemar contra Cristo. Foi imediatamente condenado à morte pelas autoridades romanas. Mas, como o único leão daquela cidade provinciana estava saciado de tantos condenados que já tinha devorado, ele foi queimado vivo – como vira em seu sonho. Os restos mortais do bispo foram recolhidos pelos cristãos locais e venerados como relíquias. Aparentemente, foi a primeira vez que isso aconteceu, estabelecendo uma prática comum desde então.

Matias, o 13º Apóstolo

Matias é o apóstolo de Cristo de quem menos se sabe. O 13º apóstolo não foi, na verdade, designado por Jesus. Depois, da morte de Judas Iscariotes, Matias foi sorteado por Pedro para ocupar o lugar daquele que traíra o mestre. Ele foi um dos primeiros "bispos" ou recipientes da sucessão apostólica. Matias estabeleceu os fundamentos do Cristianismo egípcio, ajudando a moldar aquilo que veio a ser o Gnosticismo – a vertente mística cristã. É provável que tenha sido condenado, martirizado e decapitado pelo sinédrio judaico na Pérsia.

Foto: Divulgação/ ABr/ Valter Campanato

Frei Galvão é o primeiro santo brasileiro

Novos rebanhos

Conheça as diferenças entre os grupos evangélicos tradicionais, pentecostais e neopentecostais

Por Claudio Blanc

As igrejas protestantes se dividem em três ramificações: as tradicionais, as pentecostais e as neopentecostais. As tradicionais compreendem principalmente as chamadas "igrejas históricas" que se originaram na Reforma Protestante ou bem próximo dela. As pentecostais, por sua vez, englobam, as que tiveram início no reavivamento nos Estados Unidos, entre 1906 e 1910. Esse fenômeno é o resultado de um racha entre igrejas norte-americanas. As experiências místicas do "batismo no Espírito Santo" levaram os membros a serem excluídos de suas antigas igrejas, formando, assim, outras comunidades que levaram o nome de Assembléias de Deus (não confundir com a Igreja brasileira que leva o mesmo nome).Finalmente, as neopentecostais são igrejas oriundas do pentecostalismo original ou mesmo das igrejas tradicionais. Surgiram 60 anos depois do movimento pentecostal.

Diferentes grupos

Mais rígidos na interpretação da doutrina, os evangélicos tradicionais diferem dos pentecostais apenas em relação à experiência do chamado "Batismo no Espírito Santo". Não aceitam o "Falar em outras línguas" (glossolalia) e dão forte ênfase ao ensino teológico e ao trabalho social, não se preocupando com usos e costumes, como vestimentas e adornos.

Já os neopentecostais formaram uma outra igreja, coexistindo juntamente com as pentecostais, mas sem se identificar com elas. Dão bastante ênfase ao louvor e são mais flexíveis teologicamente. É o grupo que mais cresce atualmente no Brasil – resultado do maciço investimento na mídia, como fazem as igrejas Universal e da Graça.

Foto: Claudio Blanc

Foto: Claudio Blanc

A Igreja Bola de Neve cresceu, de fato, como uma bola de neve. Nos primeiros cinco anos de ministério foram abertos dez templos e mais de 65 células

Correntes religiosas

Tradicionais ou Históricas

Luterana: fundada por Martinho Lutero (1524)
Presbiteriana: fundada por João Calvino (1517)
Anglicana: fundada pelo rei da Inglaterra Henrique VIII (1558)
Batista: fundada por John Smith (1609)
Metodista: fundada por John Wesley (1740)

Principais igrejas Pentecostais do Brasil

Assembléia de Deus: fundada pelos missionários suecos Daniel Berg e Gunnar Vingren (1911) é a principal expoente do pentecostalismo no Brasil
Congregação Cristã no Brasil: fundada por Louis Francescon (1910)
Igreja do Evangelho Quadrangular: fundada por Aimée Semple McPhersom (1950)
O Brasil para Cristo: fundada por Manoel de Melo (1955)
Deus é Amor: fundada por Davi M. Miranda (1962)

Principais igrejas Neopentecostais do Brasil

Universal do Reino de Deus: fundada por Edir Macedo (1977)
Igreja Internacional da Graça de Deus: fundada por Romildo R. Soares (1980)
Sara Nossa Terra: fundada por Robson Rodovalho (1980)
Renascer em Cristo: fundada por Estevan Hernandez (1986)

Mais rígidos na interpretação das doutrinas, os evangélicos tradicionais diferem dos pentecostais apenas em relação à experiência do chamado "Batismo do Espírito Santo"

Foto: Divulgação/ ABr/ Valter Campanato

Igreja Renascer em Cristo, em Brasília (DF)

Um sistema de vida

Por Claudio Blanc

O Judaismo vai além dos rituais e prevê comportamentos específicos para toda e qualquer circunstância

O Judaísmo não envolve apenas rituais, cerimônias e conhecimentos religiosos. Mais que isso, compreende todo um sistema de vida. Para quaisquer circunstâncias e situações de vida, estão previstos comportamentos específicos. De fato, a Torá, o livro das leis judaicas, estabelece claramente quais são as ações corretas a realizar.

Uma das características do Judaísmo é a crença de que a fé é algo que deve ser conquistado por meio das ações. E estas podem criar as condições para que se possa conhecer, sentir e acreditar. O que vale é agir de acordo com a Lei Divina, desenvolvida há milhares de anos.

Torá

A doutrina judaica está descrita nas Sagradas Escrituras do Judaísmo. São livros que formam a Bíblia (Velho Testamento) como a conhecemos, divididos em três partes: A Lei (Torá), Os Profetas (Nebi'im) e os Escritos Sapienciais ou Hagiógrafo (Ketubin).

A palavra *Torá* referia-se, originalmente, a uma instrução particular transmitida ao povo por um porta-voz de Deus, como um profeta ou sacerdote. É a herança do povo judaico, seu verdadeiro e imutável guia de vida. Como esses ensinamentos consistem, principalmente, de preceitos, a palavra *Torá* é, muitas vezes, traduzida como "Lei".

A *Torá* também é chamada de Pentateuco, pois é composta de cinco livros: Gênesis, Êxodo, Levítico, Números e Deuteronômio. Nela, estão registrados os primeiros tempos da história de Israel, quando os israelitas foram libertados por Moisés da escravidão no Egito para se tornar o povo escolhido por Deus.

O livro Gênesis começa com um relato da criação do mundo e do princípio da vida e da civilização humana. No restante do livro, há narrativas dos patriarcas, que são histórias humanas, de proporções épicas. Isto tem um significado supra-histórico devido ao tema da Aliança de Deus com Abraão e seus descendentes. O livro do Êxodo move-se rapidamente da escravização dos descendentes de Jacó no Egito até sua libertação sob o comando de Moisés, quando a Aliança com Deus é reafirmada e restabelecida. Assim, todo povo se compromete a obedecer às suas leis. Desse ponto em diante, por todo o restante do Pentateuco, a narração se torna mais dispersa e a legislação toma o seu lugar. O livro do Deuterônimo recapitula as leis e, em menor escala, as narrativas dos livros precedentes, na estrutura dos discursos de Moisés, encerrando-se com a sua morte.

Segundo os rabinos, no Pentateuco, há 613 preceitos – 248 mandamentos e 365 proibições. Esse material todo, ao menos em tese, teria sido escrito por Moisés até 1.225 a.C. Mas os estudiosos acreditam que a *Torá* contenha textos procedentes de diferentes séculos, que só foram compilados entre 800 e 600 a.C. No entanto, alguns estudiosos atribuem uma função ainda mais incrível à Torá, afirmando que a repetição de letras em intervalo são um código capaz de revelar mensagens ocultas e, até mesmo, de predizer o futuro.

A Torá também é chamada de Pentateuco

De acordo com o rabino Avraham Steinmetz, em seu recente artigo *Os Códigos da Torá*, as letras *yud, shin, resh, alef* e *lamed* – que compõem a palavra "Israel" – são encontradas em intervalos de sete letras no primeiro parágrafo da bênção do kidush, recitada nas noites de sexta-feira. Mera coincidência? Ao que parece, não

Código da Bíblia

De acordo com o rabino Avraham Steinmetz, em seu recente artigo *Os Códigos da Torá*, as letras *yud, shin, resh, alef* e *lamed* – que compõem a palavra "Israel" – são encontradas em intervalos de sete letras no primeiro parágrafo da bênção do *kidush*, recitada nas noites de sexta-feira. Mera coincidência? Ao que parece, não.

Padrões semelhantes de palavras foram encontrados há mais de meio século por um rabino de origem tcheca, Michael Weismandel. Mas, somente com o advento dos modernos computadores, foi possível estatisticamente verificar se esses padrões de palavras são involuntários ou se foram deliberadamente criptografados na Torá. Depois da morte de Weismandel, seus discípulos e os rabinos Shmuel Yavin e Avram Oren continuaram o trabalho de pesquisa de palavras e padrões codificados na *Torá*.

Tecnologia a favor

O grande avanço no estudo do código da Bíblia ocorreu no início da década de 1980, quando um rabino de Jerusalém mostrou ao renomado professor de Matemática na Universidade Hebraica de Jerusalém, Eliyahu Rips, o trabalho de Weismandel. Com a ajuda de avançadas ferramentas de estatística e computadores modernos, Rips iniciou sua pesquisa buscando na *Torá* padrões de palavras e, a seguir, verificando matematicamente se havia sido propositalmente codificados nela.

As experiências prosseguiam e confirmavam a tese do código encriptado na Torá. Em 1986, Rips, Doron Witztum e Yoav Rosenberg realizaram uma extensa experiência: desvendar se os nomes de 64 rabinos famosos estavam codificados em intervalos de letras iguais no primeiro livro da Torá. Descobriram que, realmente, os nomes estavam de fato codificados em *Bereshit*, e suas datas de nascimento e morte estavam bem próximas a cada um de seus respectivos nomes. A probabilidade de que tais códigos sejam feliz coincidência é de 1 em 62.500. Este resultado estatístico é altamente significativo e indica que todas estas informações foram deliberadamente codificadas na Torá milhares de anos antes de esses rabinos terem nascido.

No entanto, os resultados desta experiência não estão isentos de críticas. Muitos argumentam que o fenômeno dos códigos é peculiar à língua hebraica. Para contra-argumentar, Rips, Doron Witztum e Yoav Rosenberg tentaram duplicar a experiência em textos hebraicos aleatórios. E não encontraram esses códigos em nenhuma outra publicação naquela língua. Nos últimos três anos, vários outros matemáticos tentaram encontrar a "falha fatal" nesta experiência. Mas, de acordo com o rabino Avraham Steinmetz, nenhum teve sucesso. "Mais cedo ou mais tarde, muitos falsos códigos serão desmascarados. No entanto, isto não deverá fazer que se negue a existência de códigos legítimos na Torá. Os resultados do experimento dos Rabinos Famosos são estatisticamente válidos. Não podem ser atribuídos a meras coincidências e, portanto, não podem ser encontrados em nenhum outro texto hebraico", conclui Steinmetz.

Estrela de Davi: principal símbolo do Judaísmo e do Estado de Israel

Cabala

A Cabala surgiu oficialmente por volta de 1200, em Provença, região da França. A partir de então, os cabalistas usaram muitos nomes para eles mesmos e para o conhecimento que manipulavam. Na Espanha e na Provença, seus praticantes a chamavam de sabedoria interior e se denominavam mestres do conhecimento ou mestres do serviço. Por volta do século 14, porém, o movimento místico já era chamado pelos seus praticantes pelo seu nome definitivo: Cabala. A palavra significa, literalmente, "tradição", mas pode ser traduzida como recebimento ou ensinamentos transmitidos – uma referência à milenar tradição oral que tinha preservado e divulgado esse conhecimento.
Porém, muitos cabalistas negam o desenvolvimento histórico da Cabala. De acordo com Gershom Scholem, no seu *Origins of the Kabbalah*, os cabalistas entendiam esse conhecimento como uma espécie de revelação primordial que tinha sido concedida a Adão e que perdurou, embora novas revelações fossem feitas de tempos em tempos, particularmente quando a tradição era esquecida ou interrompida.

Outras hipóteses

Muitos estudiosos apresentam hipóteses alternativas. A primeira delas sustenta que a Cabala foi criada no século 12 ou 13, como uma reação ao racionalismo da filosofia judaica – aquele segundo caminho da busca religiosa. Isaac, o Cego, o primeiro autor cabalístico identificável, dizia que o próprio profeta Elias tinha revelado segredos místicos aos cabalistas medievais. A segunda hipótese afirma que a Cabala se originou no mundo greco-romano e foi passada oralmente de geração em geração, até aparecer na literatura judaica pela primeira vez, na Idade Média. Seja como for, identificar a origem exata da Cabala é, segundo Scholem, "uma das questões mais difíceis da história da religião judaica".

Corrente mística

O que se sabe ao certo é que a Cabala se derivou de certos tipos de misticismo judaicos e não-judaicos, sem ser uma simples continuação dessas tradições. Mas, sem sombra de dúvidas, o misticismo Merkabah foi a corrente que mais ajudou a dar forma à Cabala. Seus seguidores buscavam reproduzir a visão que o profeta Ezequiel teve do Merkabah – o Carro Trono Divino. O episódio está descrito na Bíblia. Em Ezequiel 1, o profeta narra sua visão como uma grande nuvem "com um fogo a revolver-se". Da nuvem, saíam quatro seres, semelhantes a homens, mas com quatro asas cada um. Dentro da nuvem estava o carro de Deus, enorme, brilhante, com grandes rodas que pareciam feitas de topázio. As criaturas aladas permaneciam ao lado das rodas. Acima delas, uma abóbada celeste, que brilhava como cristal, sustentava um trono de safira, onde estava Deus.

A imagem representa o objetivo do místico: a experiência direta com Deus e a consequente união com Ele. Segundo um dos seguidores dessa seita, Merkabah Sheleman, durante a experiência mística, "o mundo à minha volta trans-

formou-se em pureza e meu coração sentiu-se como se eu tivesse entrado num mundo novo". Para os Merkabah, Ezequiel adquiriu o conhecimento místico porque a integridade da sua alma, a correção das suas ações e o brilho do seu espírito o distinguiam dos outros homens. Essa visão veio a permear os princípios da Cabala e fez dela uma verdadeira evolução dentro do Judaísmo.

Ideias revolucionárias

Algumas das ideias apresentadas pela Cabala eram realmente revolucionárias. Uma das mais importantes inovações dessa tradição foi dar à Torá uma interpretação completamente esotérica. Os cabalistas afirmavam que Deus revelara as verdades sobre Ele mesmo e sobre o universo por meio da *Torá*.

Os rabinos ortodoxos se concentravam no relacionamento dos homens e mulheres com Deus e no cumprimento dos mandamentos estabelecidos nas Escrituras. Como seguidores dos dois primeiros "caminhos" para se conseguir o *religare*, eles não tentavam explorar a natureza divina. Os cabalistas acreditam que a meta da alma é se lembrar da suprema percepção que conheceu quando "habitava as alturas do Céu". Essa crença remete à filosofia dos antigos gregos. Platão também acreditava que a alma, antes de encarnar, toma conhecimento da realidade divina da qual faz parte. E é por isso que, neste mundo, ela sempre busca o bom, o belo e o verdadeiro: a essência de Deus e de todas as suas criaturas, da qual ela se lembra. Dessa forma, a alma se une de novo a Deus.

Primeiros cabalistas

O rabino Moisés de Leon (1240 – 1305), uma das figuras mais importantes no desenvolvimento da Cabala, é autor do *Zohar*, o primeiro livro que delineou claramente o pensamento cabalístico. Escrito no século 13, o Zohar é um compêndio de todo o conhecimento da Cabala que havia até então. Muitos estudiosos acreditam, porém, que Moisés de Leon – tido como o primeiro gênio místico cabalístico – foi um canal de fontes mais antigas e elevadas. O rabino Arthur Green, por exemplo, sustenta que "seria razoável acreditar que De Leon tenha se sentido possuído por um espírito que não o seu, quando estava escrevendo o livro". Daniel Matt, professor de estudos judaicos da *Graduate Theological Union*, de Berkeley, Califórnia, concorda. Para Matt, "certas passagens do Zohar são anônimas e aparecem como declarações de uma voz celestial".

Entre 1500 e 1800, o Zohar se estabeleceu como uma fonte de doutrina e revelação de autoridade igual à Bíblia e ao Talmude – o conjunto de textos reconhecidos pela tradição judaica – e acabou sendo aceito no cânon dos textos ortodoxos.

LURIA

Isaac Luria (1534 – 1572) é considerado o segundo gênio místico da Cabala. Como não podia deixar de ser, a história da sua vida é permeada de lenda. Uma delas diz que o pai de Luria sonhou com o profeta Elias, que, por sua vez, anunciou que ele teria um filho, o qual revelaria os segredos da Cabala.

A família vivia em Jerusalém, onde Luria nasceu, mas se mudou para o Cairo, no Egito, após a morte do pai do menino, quando ele tinha oito anos. No Egito, Luria foi reconhecido como um garoto prodígio por causa da maneira como absorvia o conhecimento do Talmude.

Na adolescência, iniciou um estudo do *Zohar*, tornando-se um místico de fato. Durante os oitos anos em que esteve estudando, viveu numa pequena casa isolada, próxima do Rio Nilo. Ali ele ficava cinco dias por semana, meditando e estudando o Zohar, só voltando para a cidade uma vez por semana para se reunir com a família. Segundo a lenda, depois de Luria ter passado dois anos estudando, orando e jejuando, o profeta Elias apareceu para ele e o iniciou nos mais profundos segredos da Cabala. Não só isso. Elias também teria dado instruções para que Luria divulgasse esse conhecimento místico.

Seguindo as orientações do profeta, Luria foi para Safed, na Palestina. A cidade era uma espécie de oásis espiritual judaico, onde viviam os principais cabalistas da época. E não demorou muito para que Luria fosse reconhecido por eles como seu mestre. Ele revelou a chave da ciência mística para seus discípulos, durante os dois anos em que lecionou em Safed. Subitamente, morreu jovem, aos 38 anos. Mesmo tendo tido tão pouco tempo para divulgar os conhecimentos que adquirira, deixou uma marca profunda na tradição da Cabala. Apesar de ter escrito quase nada, os textos dos seus seguidores somam milhares de páginas.

Os ensinamentos de Luria se constituem de intrincadas visões teo-

Árvore da Vida

Quem é Deus? Como conhecê-lo? Como compreendê-lo com a nossa consciência? Não somos capazes de racionalizar Deus e nem de apreendê-lo com nosso conhecimento. Por isso mesmo, os cabalistas se referem a Ele como o "Indescritível" ou o "Infinito": *Ein Sof.*

A explicação que os cabalistas dão para o fato de *Ein Sof* estar além da nossa compreensão é tão simples quanto lógica. Para eles, a mente finita não pode conter o infinito. Assim, *Ein Sof* é descrita no *Zohar* como "a causa acima de todas as causas", "a raiz de todas as raízes", a "vontade primeva". *Ein Sof* revela a si mesmo por meio de dez aspectos, ou *sefirot* – esferas que Dele emanaram. As sefirot formam o padrão para a interação entre Deus e o homem. Baseado nessa ideia, os cabalistas criaram um modelo desse padrão, chamado a "Árvore da Vida".

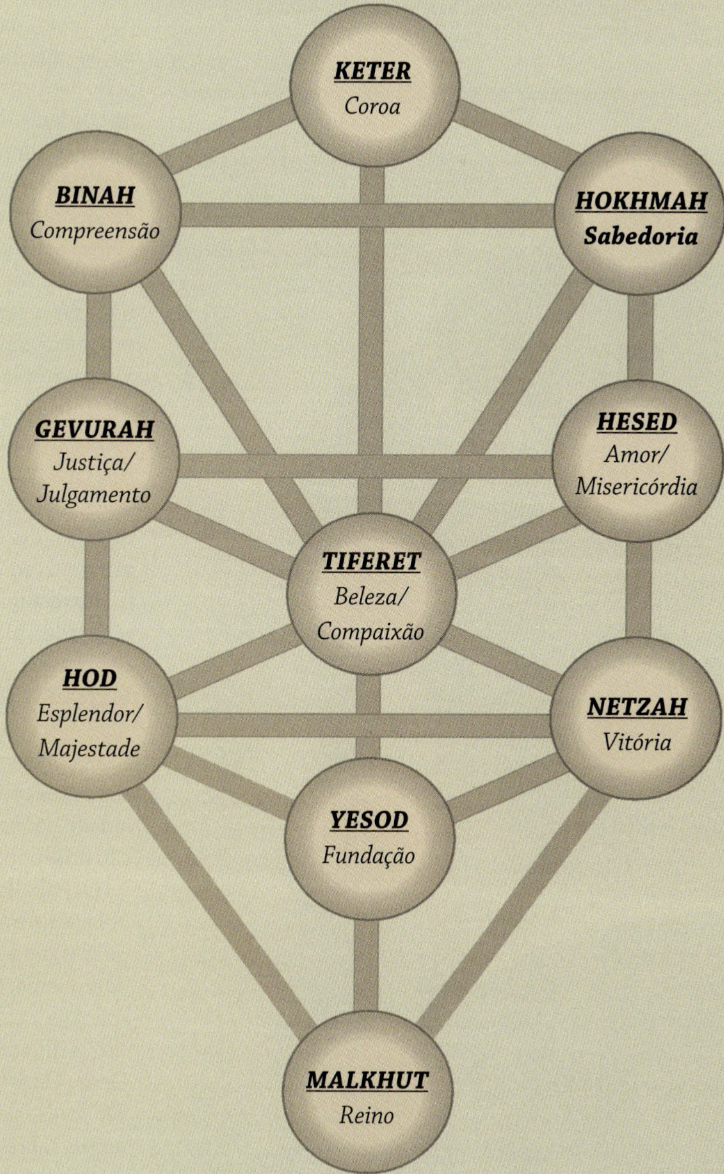

Sionismo

Durante milhares de anos, os judeus esperaram pela vinda do Messias, que os levaria de volta à sua terra ancestral – o Sião. Isso deveria ser um evento miraculosamente predeterminado, o qual iniciaria a era messiânica. No entanto, no começo do século 19, emergiu entre os círculos religiosos ortodoxos uma nova tendência. Vários escritores judeus afirmavam que, em lugar de adotar uma atitude passiva frente ao problema da redenção, a nação judaica deveria se engajar na construção de um país, antecipando a vinda do Messias. Mais uma vez, os judeus buscavam na ação a confirmação da sua fé. Esse movimento dentro do Judaísmo, que além do cunho religioso tinha uma característica tremendamente política, veio a ser chamado de Sionismo.

Os judeus do sexo masculino usam o kippá na cabeça em respeito a Deus

lógicas, orações e meditações. Incentivou, também, seus discípulos a cultivar certas qualidades espirituais. A principal era a alegria. Além disso, não deveriam ceder ao pecado da ira. Luria dizia que, enquanto outros pecados fazem mal a partes da alma, a ira prejudica a alma inteira. Na busca da união do "eu" individual ao "Eu" universal, a ira "afasta o mais alto nível da alma da pessoa", ensinava gênio da Cabala.

Deus oculto

Um místico judeu disse que "Ein Sof, o Deus oculto, que habita nas profundezas do Seu próprio Ser, busca se revelar e liberar os seus poderes ocultos. A Sua vontade se realiza por meio da emanação dos raios da Sua luz, dispostos na ordem das sefirot, o mundo da emanação divina". Já o Zohar descreve as sefirot como atributos de Deus ou representações por meio das quais Deus revela a si mesmo. O rabino Moisés Luzzatto, um cabalista do século 18, explicou que "as dez sefirot atuam como 'véus' – dez estágios que o Criador produziu para servirem de canais, por meio dos quais a sua abundância pudesse ser transmitida ao homem. Ele fez dez receptáculos para que a abundância, ao atravessá-los, se tornasse densa o bastante para que as criaturas inferiores pudessem suportá-la". Dessa forma, as sefirot seriam uma espécie de transformador cósmico que diminui a intensidade da luz de Ein Sof. Outros entendem, ainda, que elas são uma ponte que liga o universo finito ao Deus infinito.

Os cabalistas usam muitas imagens para as *sefirot* (o singular é *sefirah*). São luzes, nomes, estágios, coroas, espelhos, pilares, poderes, portais ou faces de Deus. Não há, de qualquer forma, um acordo tácito sobre a origem do termo *sefirot*. Alguns dizem que a palavra vem do hebraico *sappir*, ou "luz brilhante", uma vez que elas "iluminam" a respeito de Deus. Outros sustentam que *sefirot* deriva de *saper* ou "dizer", pois falam de Deus. Da mesma forma, há correntes diferentes sobre o relacionamento do Ein Sof com as sefirot. Para alguns cabalistas, elas são os instrumentos que Ein Sof criou para realizar sua busca. Para outros, são a essência do Ein Sof, idênticas a Ele e que não podem ser separadas Dele. Uma terceira corrente – a mais aceita – concilia as duas anteriores, afirmando que as sefirot são instrumentos e, ao mesmo tempo, a essência de Deus.

Uma a uma, as sefirot vão se desdobrando de Ein Sof. De início, surge uma centelha, da qual irrompe uma fonte de "aura etérica", a primeira sefirah: *Keter*, ou Coroa. Keter, então, gera a segunda sefirah, *Hokhmah*, a Sabedoria, de vibração mais baixa do que Keter. A seguir, a Sabedoria cria a terceira sefirah: *Binah*, a Compreensão. As sete sefirot restantes estão no seio de Binah, "como um embrião está no ventre da mãe", que são emanadas em seguida: *Hesed* (Amor/Misericórdia), *Gevurah* (Justiça/Julgamento), *Tiferet* (Beleza/Compaixão), *Netzah* (Vitória), *Hod* (esplendor/Majestade), Yesod (Fundação) e *Malkhut*, o Reino, também chamado de *Shekhinah*, ou Divina Presença, o aspecto Feminino de Deus. Tais sefirot formariam uma cadeia através da qual fluem as forças de Deus. A última sefirah da cadeia, *Malkhut/Shekhinah*, canaliza a energia divina para o nosso mundo.

As Sefirot

Os cabalistas agrupam as sefirot em três colunas dentro da Árvore da Vida. A coluna do lado direito, formada por Hokhmah, Hesed e Netzah, tem polaridade masculina e positiva. A coluna à esquerda, composta por Binah, Gevurah e Hod, é feminina e negativa. A coluna central tem Keter no alto, Tiferet no centro, Yesod e Malkhut embaixo. A coluna da direita é chamada de "Pilar do Julgamento" e encarna a força de expansão. A da esquerda, o "Pilar da Misericórdia", se opõe ao Pilar do Julgamento e encarna a força da restrição. A coluna do meio, o "Pilar da Compaixão" equilibra as outras duas. A compaixão, ensinam os místicos judeus, é o elemento que harmoniza os extremos da misericórdia e do julgamento e que sustenta o mundo.

Torá é a bíblia judaica

Diáspora e perseguições

Desde que Jerusalém foi destruída pelos romanos, em 70 os judeus foram expulsos da Palestina e passaram a viver na Diáspora ou exílio. Mas, na verdade, eles nunca se fundiram às novas terras onde foram morar. Mesmo depois de gerações e gerações a viverem em um mesmo país, os judeus continuavam estranhos às culturas que os cercavam. Fechados ao redor de si mesmos e dos seus costumes e suas crenças, não demorou muito para que fossem perseguidos. Assim, todo o tipo de preconceito foi direcionado contra eles. Eram acusados de ter assassinado Jesus, e o costume de manchar a porta das suas casas com o sangue do cordeiro sacrifical na Páscoa levou seus perseguidores a acreditar que, em vez de carneiro, os

Os pergaminhos da Torá são cobertos por um manto bordado

judeus sacrificavam crianças. Há relatos da Idade Média sobre aldeias judaicas pilhadas e destruídas porque uma criança cristã havia desaparecido. A perseguição era fato, e não havia muito a fazer, a não ser nutrir esperanças.

Palestina

Em 1834, Yehuda hai Alkalai, um rabino que havia vivido na Palestina, publicou um livreto chamado *Shema Yisrael*, em que defendia o estabelecimento de colônias judaicas na Palestina, uma visão que fugia da crença tradicional de que o Messias viria como um ato de redenção divina. As ideias de Alkalai se espalharam e se desenvolveram ao longo de todo o século 19. Mas não foram apenas suas propostas que tomaram corpo – a colonização judaica da Palestina foi, aos poucos, se tornando fato. E, no final do século 19, com o aumento das perseguições aos judeus, o crescimento da população judaica na Palestina já preocupava os nativos árabes. Com a expansão da imigração dos judeus e a pressão que as autoridades sionistas colocavam nas potências mundiais para a criação de um Estado judaico na Terra Santa, os árabes palestinos se viram ameaçados. E começaram a se revoltar contra a imigração judaica, buscando influenciar as autoridades otomanas, que, na época, governavam a Palestina. O conflito continuou sem solução. Os turcos otomanos, os administradores do império que controlava a região, tinham consciência de que não podiam privilegiar uma etnia

Israel

Os grupos armados judaicos – o *Irgun* e a *Gang Stern* – engajaram-se numa atividade terrorista contra o governo britânico na Palestina, semelhante àquela usada hoje por grupos palestinos radicais contra Israel. Em 1946, um atentado a bomba destruiu o Hotel Rei Davi, em Jerusalém, vitimando civis e militares. Como parte das atividades terroristas do Irgun, oficiais britânicos e diplomatas foram raptados e assassinados, e, em 9 de abril de 1948, um ramo do Irgun liderado por Manachem Begin chacinou homens, mulheres e crianças árabes no vilarejo de Deir Yassin, espalhando o pânico na região. A ideia era aterrorizar os árabes, no que foram bem-sucedidos. Aldeias inteiras fugiram temendo sofrer o mesmo destino. O clima de tensão criado pelos terroristas judeus era tal que a Grã-Bretanha resolveu desistir de sustentar um conflito praticamente insolúvel e antecipou sua retirada da Palestina. Logo depois do fim do Mandato Britânico, David Ben-Gurion declarou a fundação do Estado de Israel, em 14 de maio de 1948.

Fotos: Divulgação/ ABr/ Wilson Dias

O presidente Luiz Inácio Lula da Silva recebeu representantes da comunidade judaica no Palácio do Planalto, em setembro de 2006

em detrimento de outra.

Conflitos

Depois da Primeira Guerra Mundial, a Palestina passou a ser controlada pelos britânicos, que, em troca da ajuda recebida do povo judaico durante a luta contra as potências do Eixo, prometeram, por meio da Declaração Balfour, ajudar os judeus a estabelecer sua pátria na Palestina. Foram, porém, taxativos: isso jamais poderia prejudicar os palestinos árabes. Mas a Declaração Balfour incendiou o já volátil ânimo dos palestinos. Os conflitos recomeçaram. Os judeus, que eram minoria, se armaram. A Grã-Bretanha buscava, inutilmente, conciliar as duas partes.

Lenha na fogueira

Com a ascensão dos nazistas na Alemanha, em 1933, os judeus daquele país começaram a ser marcados e perseguidos. Percebendo o perigo que o nazismo representava aos judeus europeus, o movimento sionista buscou ainda mais desesperadamente liberar a imigração à Palestina. Ante à iminência da Segunda Guerra Mundial, apoiaram os britânicos, esperando receber simpatia pela sua causa. No final, porém, perceberam que estavam por conta própria.

Judeu combatente

Depois da Segunda Guerra Mundial, o Reino Unido não apoiou os judeus na fundação de sua pátria. Além disso, a experiência do Holocausto modificou profundamente o caráter judeu. A impensável chacina promovida por Adolf Hitler fez nascer o que Menachem Begin, o líder do Irgun, a milícia judaica, chamou de "o judeu combatente". Devido à proibição da imigração à Palestina, nem mesmo os refugiados que tinham sobrevivido aos campos de extermínio puderam entrar no país. Cansados de esperar que as potências estrangeiras interviessem a favor da sua causa e ainda mais conscientes da necessidade de se construir uma pátria judaica que pusesse fim às perseguições históricas, os sionistas se voltaram ao terrorismo para conseguir fundar seu país.

Judaísmo

Por Rabino Henry I. Sobel

O rabino Henri Sobel é uma das figuras mais importantes da comunidade judaica no Brasil

O povo judeu teve início com a família de Abraão, que viveu, aproximadamente, 3.800 anos atrás. O credo monoteísta adotado por Abraão e a Aliança com Deus firmada por ele, e reafirmada pelos seus descendentes marcaram essa família como adeptos de uma nova fé.

À medida que a família foi crescendo em número, e novos membros foram se juntando a ela, aceitando a *Torá*, a Lei de Deus, como sua Constituição Divina, e tomando posse da terra que lhes tinha sido prometida pelo Soberano do Universo. Essa "família global" adquiriu as características de uma nação: um povo habitando uma região geográfica específica, compartilhando memórias e destino comuns.

Apesar de sua particularidade, o povo judeu nunca se fechou. Desde sua construção, o Templo de Jerusalém foi visto como "uma Casa de Oração para todos os povos" (Isaías 56:7).

O universalismo permeia toda a fé judaica, refletindo-se não só em seus conceitos teológicos e em sua visão do futuro, mas também na própria diversidade étnica e cultural dos seus adeptos. Existem judeus de toda espécie: brancos e negros, orientais e ocidentais, falando uma infinidade de idiomas diferentes.

Nós, judeus, acreditamos que a missão divina da qual fomos incumbidos constitui a própria razão da nossa existência. E tal missão não é se empenhar para que outros povos se tornem judeus, mas, sim, empenhar-se para que todos os povos do mundo, independentemente de suas respectivas crenças, reconheçam a soberania de Deus e aceitem os valores humanos que nos foram revelados por Ele. O dever do judeu não é fazer um mundo mais judaico. O dever é fazer um mundo mais humano.

Sem fronteiras

A cada cinco pessoas do Planeta, uma é mulçumana. Saiba por que o Islã está em plena expansão

Por Claudio Blanc

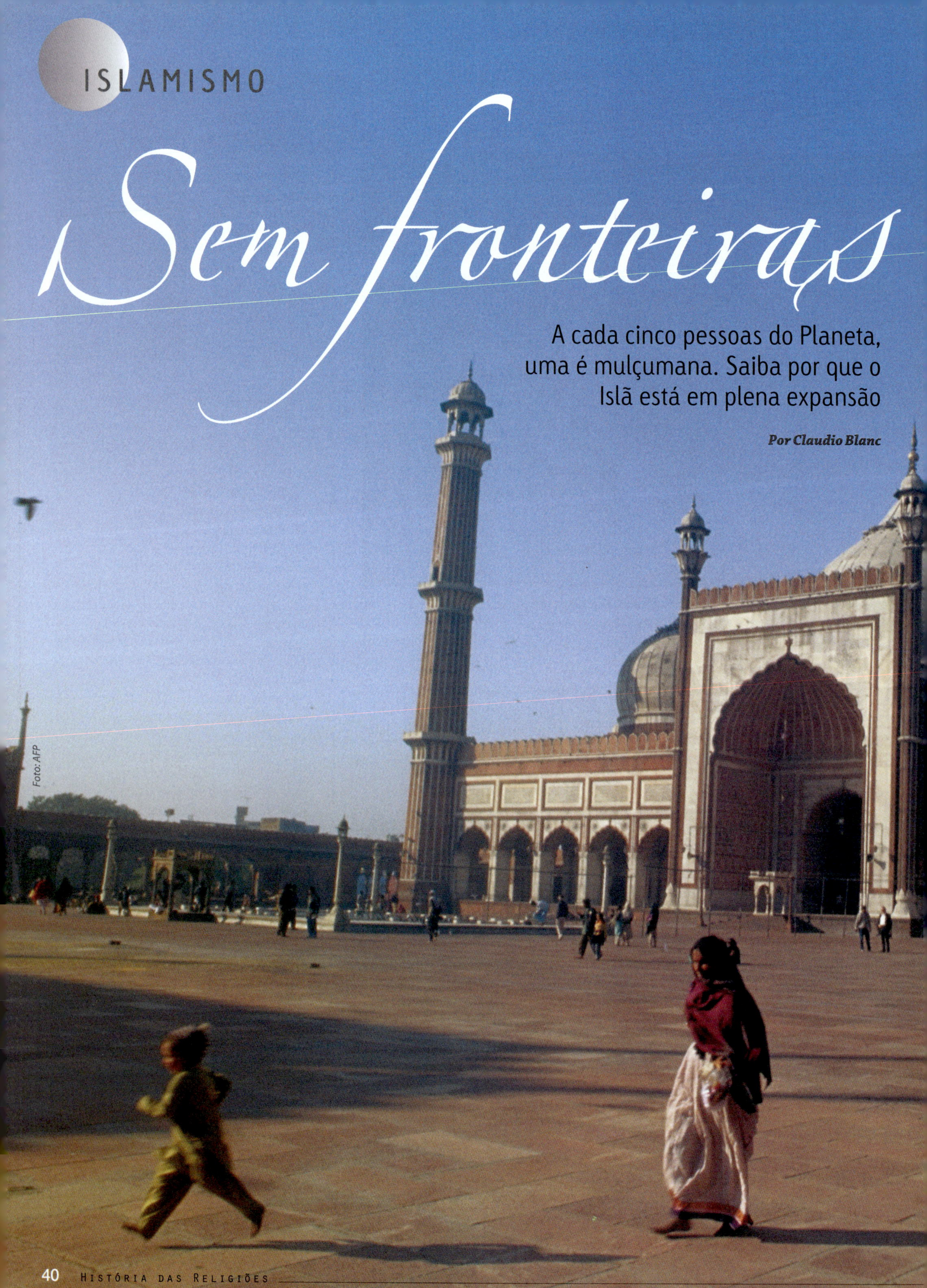

Foto: AFP

Mesquita Jami Masjid

Localizada em Nova Delhi, Índia, a Jami Masjid é uma das principais mesquitas do mundo. O templo é a última extravagância arquitetônica do imperador mongol Shah Jahan, conhecido por ter erigido o mais famoso mausoléu do mundo, o Taj Mahal. Cercada por um *bazzar* – espécie de mercado oriental, repleto das mais exóticas mercadorias –, a mesquita se ergue imponente em meio à miséria e à sujeira ao seu redor. A construção foi iniciada em 1644, mas só foi finalizada 14 anos depois. Três grandes portões recebem os fiéis, às sextas-feiras. O santuário tem capacidade para acomodar até 25 mil pessoas. Sua característica mais impressionante são as duas minaretas – as estreitas torres características dos templos muçulmanos – que se erguem 40 metros acima do caos de Nova Delhi. As mulheres, porém, só podem ver a vista do alto, se acompanhadas de um "parente homem responsável" – pai, marido ou irmão. As turistas devem, portanto, procurar ir a Jami Masjid acompanhadas. Outra dica, independentemente do sexo do visitante, é quanto à maneira de se vestir. Os muçulmanos são muito conservadores comparados aos ocidentais. No bairro muçulmano ao redor da mesquita, quase todas as mulheres usam a burka, o véu que cobre completamente o rosto.

Ainda há uma grande confusão com relação à etnia dos muçulmanos. De forma generalizada, a impressão que a maioria tem é de que os muçulmanos e árabes são a mesma coisa. Nem todos os árabes são muçulmanos, e apenas uma fração dos muçulmanos do mundo todo são árabes. Há muitos muçulmanos na Índia e na Ásia, por exemplo.

A propaganda anti-Islã, que acompanha a guerra ao terrorismo desde o início do século 21 – e antes – , coloca os muçulmanos como culturalmente inferiores. Longe do falso conceito de bárbaros e primitivos, durante séculos, as civilizações do Islã foram muito superiores às ocidentais. A combinação de ideias orientais e ocidentais provocou grandes avanços na Medicina, na Matemática, na Física, na Arquitetura e nas Artes, entre outras esferas do conhecimento. Muitos elementos importantes para o avanço da humanidade, como os instrumentos de navegação marítima e os sistemas algébricos, surgiram no Islã. Também foram os árabes quem introduziram o papel na Europa e inventaram o arco ogival, sem o qual os europeus cristãos não poderiam construir as catedrais góticas.

Expansão

O Islã ainda continua sua expansão. E fortemente. O Islamismo é, de fato, a religião que mais cresce no mundo contemporâneo. A cada cinco pessoas no planeta, uma é mulçumana – são, portanto, 1, 3 bilhão de fiéis. É a segunda maior religião do mundo. Em praticamente todos os países do planeta existem mulçumanos. Cerca de 70% dos intelectuais que se convertem a uma crença escolhem o islamismo.

Mas a que se deve o magnetismo que essa fé exerce em um número cada vez maior de pessoas? Uma edição de 1981 de *O Correio da Unesco* oferece uma boa resposta: "Nos 13 séculos que se passaram desde sua gênese, a religião congrega hoje mais de 800 milhões de adeptos (número da época), unidos pelo sentimento profundo de pertencer a uma só comunidade. E essa expansão, que continua, é devida a um espírito de universalidade que transcende qualquer distinção de raça e permite a cada povo se integrar no Islã, mas, ao mesmo tempo, conservar sua cultura própria". Mais que uma religião, o Islã é, de fato, uma grande nação sem fronteiras.

E pensar que tudo começou a partir de um lugar desértico, habitado por um povo nômade e politeísta...

Arábia pré-islâmica

Por diversas vezes, os romanos estiveram às portas da Península Arábica, mas não identificaram vantagens em conquistar uma região tão inóspita. E o lugar passou a figurar nos mapas de Roma apenas como a desconhecida província arábica.

As populações das regiões central e setentrional, divididas em numerosas tribos ou clãs, eram de etnia semita. Os árabes do deserto, os beduínos, eram nômades de características bem diversas dos árabes do sul. Seu idioma, o árabe, acabou se impondo em toda a região, alastrado pelas caravanas que cruzavam a península.

A costa era ocupada pelas tribos sedentarizadas que habitavam Meca e Yatreb (mais tarde Medina), as duas principais cidades, vivendo como comerciantes ou pequenos artífices, e exportando para o Ocidente o incenso, as tâmaras e os perfumes. No entanto, nem os beduínos nem os árabes urbanos possuíam um governo centralizado. Prevalecia a organização tribal, e não eram raros os conflitos entre as tribos.

Apesar das diferenças culturais, contudo, todos os árabes eram da mesma raça e diziam-se descendentes de Abraão. Sua religião mostrava uma nítida influência do Judaísmo, não apenas por sua proximidade com o "patriarca". Durante esse período, acreditavam em um deus supremo, Alá, porém não deixavam de adorar uma infinidade de deuses inferiores, os *djins*, ou gênios – como o da lâmpada de Aladim – e, por meio de imagens ou totens, continuavam a cultivar o politeísmo de seus ancestrais.

Cada tribo possuía seus próprios ído-

Foto: AFP

O fiel segura o rosário islâmico. O instrumento tem 99 contas, que representam os 99 nomes divinos. O centésimo – Essência – só pode ser encontrado no paraíso

los. Apesar de terem um santuário tribal, existia um comum a todos, que se encontrava em Meca, na Caaba, uma construção simples em forma de cubo, onde se reverenciava um meteorito negro – a Pedra Negra, trazida do céu pelo Arcanjo Gabriel. Desde antes de Maomé, os fiéis rezavam ao redor da Caaba, em Meca.

Meca ficava numa posição privilegiada, entre as montanhas e o deserto, na intersecção das rotas de caravanas. Isso fez que a cidade desenvolvesse um intenso comércio. Com um fluxo humano grande e diversificado, era natural que Meca se tornasse um importante centro religioso. E foi nesse contexto e nessa cidade que nasceu Maomé ou *Mohammad*, o criador do Islamismo.

Quem foi Maomé?

Maomé foi o principal personagem da maior mudança cultural, política e religiosa que já acontecera na Península Arábica. Não havia uma organização ou instituições políticas, nem mesmo um sentimento nacional. E foi o sonho deste homem que uniu todo um povo sob uma identidade comum, além da língua e da raça.

Estima-se que ele tenha nascido em 570, no clã dos haxemitas, classe pobre da poderosa tribo dos coraixitas. Seu pai, Abd Allah, tombara numa batalha antes de seu nascimento, e sua mãe, Amina, morreu quando ele tinha cerca de 6 anos. Outras fontes, porém, afirmam que ela teria morrido semanas após o nascimento do filho. De qualquer forma, o órfão passou para a guarda do tio Abu Talib, da tribo coraixita. Desde cedo ajudando o tio, Maomé acabou se tornando condutor de caravanas, atravessando o deserto e mantendo contatos com judeus e cristãos, de quem sofreu profundas influências religiosas.

Com o tempo, desenvolveu uma natureza profundamente religiosa. Calmo e meditativo, ficou notório pela sua sinceridade, de tal maneira que era procurado para arbitrar disputas. No entanto, algo o desgostava: a decadência de sua sociedade.

Aos 25 anos, casou-se com a prima Khadija, uma viúva rica, dona de muitos camelos, com quem teve quatro filhos.

Entretanto, três morreram ainda crianças, vítimas do "calor do deserto". Maomé só conseguiu criar a última filha, Fátima.

O casamento deu estabilidade material a Maomé, e, acredita-se, foi a partir daí que começou a formular os princípios de uma nova doutrina religiosa, iniciando um período de meditações e jejuns. Constantemente, isolava-se no deserto buscando seguir os ensinamentos de Jesus Cristo, a quem considerava um dos últimos profetas. Em seus retiros, questionava os costumes e as práticas religiosas de seus dias. Ele não concordava com o politeísmo e o animismo idólatras da religião árabe, a imoralidade nas assembléias e quermesses religiosas e o sepultamento em vida de bebês do sexo feminino indesejados e, o âmbito político, ele se incomodava com as incessantes rixas por causa de confessos interesses de religião, honra e poder entre os chefes coraixitas. E sobre tudo isso, ele meditava em busca de soluções. Aos 40 anos de idade, quando estava em um retiro, Maomé recebeu sua primeira revelação por intermédio do Anjo Gabriel. Supostamente, as primeiras revelações foram os primeiros cinco versículos da surata, o *Al'Alac*, ou Coágulo (de sangue):

Em nome de Deus, Clemente, Misericordioso.
Lê em nome de teu Senhor que tudo criou;
Criou o Homem de um coágulo.
Lê que Teu Senhor é generoso,
que ensinou o uso do cálamo,
ensinou ao homem o que este não sabia.

Revelações

Os muçulmanos acreditam que as 114 suratas do Alcorão são revelações de Deus ao profeta Maomé (530 – 632). Cada palavra desse livro é considerada sagrada. Há outras expressões de Maomé, no *Hadith*, ou tradição. Essas, porém, não são tidas como sagradas.

O Alcorão é um dos livros mais lidos do mundo e influencia uma parcela enorme da humanidade, uma vez que um quinto da população do planeta lê e recita seus textos diariamente em mesquitas e escolas muçulmanas.

Não se sabe ao certo se Maomé sabia ler e escrever, mas, desde o princípio, seus seguidores registravam por escrito o que ele dizia. Como o papel era extremamente raro, usavam qualquer material disponível: pedaços de pergaminho, couro, lascas de pedra, cascas de palmeira, ossos de camelo, tábuas e até mesmo o peito e as costas de pessoas. Pouco depois da morte de Maomé, esses fragmentos foram compilados e unidos no que veio a ser o Alcorão. Com o passar do tempo, algumas adições foram feitas ao texto original, numa tentativa de deixá-lo mais inteligível.

O Alcorão não é ordenado cronologicamente, mas de acordo com o tamanho das suratas. Os capítulos maiores vêm primeiro e assim por diante. Das 114 suratas, 113 começam da mesma forma: em nome de Alá, o Clemente, o Misericordioso. Os muçulmanos repetem essa fórmula antes de fazer qualquer coisa importante.

Alcorão

Desde a primeira revelação, Maomé continuou a ter visões semelhantes durante os 23 anos seguintes – até a sua morte. O conjunto dessas revelações foi compilado no Alcorão, o livro sagrado do Islamismo que forma o corpo da doutrina de Maomé. Dizem que o profeta recitava as revelações a quem estivesse por perto. E estes, por sua vez, memorizavam essas revelações, mantendo-as vivas. A palavra *alcorão* quer dizer "leitura" ou "recitação". Mas foi somente após a morte de Maomé que o Alcorão assumiu a sua forma atual, sob a direção dos sucessores e companheiros do profeta. Os seus feitos foram reunidos em um outro livro chamado *Suna*, no qual se encontram as bases da tradição, formuladas a partir dos exemplos dados por ele em vida.
O Alcorão trata de temas como lei, sabedoria, doutrinas e rituais, orientando a criação de uma sociedade mais justa, de uma conduta humana decente e de um sistema econômico com fundamentos sociais. É um texto com conotações nitidamente político-religiosas, assumindo o caráter de uma verdadeira constituição para o povo islâmico. No entanto, o tema principal do Alcorão é o relacionamento de Deus com o ser humano.

Um novo código ético

Maomé recebeu quase todas as revelações em Meca, sua cidade natal, ou em Yatreb (depois rebatizada de Medina). A primeira delas aconteceu enquanto ele dormia numa gruta perto de Meca. O profeta escutou o Arcanjo Gabriel instruindo-o com as palavras que formam o início da surata 96. Maomé também estabeleceu novas leis e códigos morais. Na surata 81, por exemplo, depois de afirmar aos seus adeptos que o juízo final provará que ele é o verdadeiro profeta, Maomé recrimina o antigo costume dos nômades árabes de enterrar com vida as meninas recém-nascidas tidas como indesejadas. O profeta, de fato, aboliu esse costume no Islamismo.

Dois livros

O Alcorão ensina que há dois livros divinos: o *Sichin* e o *Illiyon*. As ações dos maus – tanto homens como espíritos – são registradas no Sichin. Alá usará esse livro para condenar as almas daqueles cujos nomes estão escritos nele. Os justos, por sua vez, têm seus nomes registrados no Illiyon. Estes desfrutarão de recompensas no céu. O critério que Alá usa é a obediência ou desobediência dos homens às suas leis divinas.

Lembrança amarga

O único lugar de todo o Alcorão onde há uma crítica aberta a um adversário de Maomé é a surata 111. Abu Lahab era primo do avô do profeta e o único membro do clã que combateu Maomé abertamente. Dizem que Abu Lahab procurou todos os meios para atormentar o profeta. A esposa de Abu também se juntava a ele nesses tormentos. Conta-se que ela jogava ramos de espinho no caminho, quando via Maomé passando descalço.

Mini Alcorão

A maioria dos pontos importantes da revelação de Maomé está na segunda surata – de longe, a mais extensa de todas. Por isso mesmo é chamada de *mini Alcorão*. Fala do inferno e do Paraíso, traça as normas de alimentação, orienta as relações dos muçulmanos com judeus e cristãos, prega a moral e ensina os ritos, estabelece regras para as mulheres, para o casamento e para o divórcio, discorre sobre a guerra santa e muitos outros temas. Como as outras suratas, seu título – *A Vaca* – remete a uma palavra ou detalhe que chamou mais a atenção dos ouvintes. Nesse caso, é a história da vaca amarela.

Oração Islâmica

Al-Fátiha
Bessmel'Láh Arrahmán Arrahím.
Al-hamdu lel'Láhe Rabb'el Álamin.
Arrahmán Arrahím.
Máleki yaom'eddin.
Iyyáka naabudú ua Iyáka nastaín.
Ihdena çiráta'l mustaqím.
çirátal'lazína anaamta alaihem ghair'el maghdúbe alaihemm ualád'dállin.

Em Nome de Deus Clemente Misericordioso.
Louvado seja Deus, Senhor do Universo.
O Clemente Misericordioso.
Soberano do Dia do Juízo Final.
A Ti adoramos e a Tua ajuda buscamos.
Guia-nos à senda reta.
A senda daqueles que os agraciaste,
não a dos abominados nem a dos extraviados.

As últimas são as primeiras

Os muçulmanos dizem que as três últimas suratas do Alcorão – 112 a 114 – estão, na verdade, entre as primeiras revelações que Maomé recebeu. O *Culto*, a surata 112, é especialmente venerada no Islamismo, porque o profeta disse, certa vez, que ela vale tanto quanto um terço do Alcorão. As outras duas suratas são orações em que se pede proteção e refúgio. A surata *A Aurora* é recitada pelos fiéis para dissipar o temor que nasce do desconhecido. A última, *Os Homens*, é rezada para pedir ajuda contra o mal que está oculto no próprio coração, no das outras pessoas e nos espíritos.

Ministério

Depois de sua primeira visão, Maomé se dedicou à conversão dos seus familiares. Após três anos, seguido por um pequeno grupo de fiéis convertidos à nova fé, começou a pregar para os coraixitas, em frente à Caaba, afirmando a existência de um só deus, Alá.

No entanto, as mudanças religiosas propostas pelo profeta acabaram entrando em choque com os líderes coraixitas. Uma vez que Alá, por não ter forma física, estaria em toda parte, a implantação do monoteísmo significaria a diminuição da peregrinação de fiéis a Meca, prejudicando o comércio que lá se desenvolvia.

Sentindo o perigo daquela subversão de ideias em torno do monoteísmo, os coraixitas tentaram matar o profeta. Alertado por alguns seguidores, Maomé fugiu de Meca para Yatreb, em 622. Essa data, conhecida como Hégira, passou a ser o marco inicial do calendário muçulmano. Em Yatreb, Maomé foi aclamado. A população se converteu praticamente inteira à nova religião. Mas, apesar do seu sucesso, os judeus da cidade se opuseram veementemente a adotar o Islamismo. Como resultado, os hebreus foram assassinados em massa. Maomé implantou, então, um governo teocrático, transformando Yatreb em sua base e mudando seu nome para Medina, a cidade do profeta.

A fuga de Meca conscientizou Maomé da inútil tentativa da conversão pacífica. Assim, optou pela Guerra Santa. Meca foi sitiada e obrigada a aceitar a volta do profeta, que, graças ao apoio dos beduínos, já convertidos, destruiu os ídolos da Caaba, mantendo apenas um único elo entre as tribos: a Pedra Negra, que ainda hoje é venerada pelos peregrinos.

No ano de 630, o Estado Árabe estava praticamente formado, unido em torno da bandeira do Islamismo e de seu único chefe, Maomé, que assumia não apenas o poder político como também o religioso. Diz a tradição que o profeta ascendeu aos céus numa nuvem que passava pelo Domo da Rocha, em Jerusalém, em 632, quando tinha tinha 63 anos.

Divisão

Sempre em desacordo, os grupos antagonistas se dividiram. Os sunitas escolheram um líder que não era da família do profeta, mas que pertencia a um antigo e rico clã de líderes de Meca, os omíadas. Os xiitas, por sua vez, mantiveram-se fiéis à sua tese de que o califa deveria ter laços sanguíneos com o profeta. Para os xiitas, o filho mais velho de Ali, Hasã, neto de Maomé, era o verdadeiro sucessor. Hasã, porém, renunciou e acabou sendo assassinado. Seu irmão, Husain, tornou-se o novo imame (líder e sucessor), mas também foi morto, por tropas omíadas, em outubro de 689. Sua morte ou martírio, como os xiitas encararam, causou uma terrível impressão sobre seus fiéis seguidores. Ainda hoje, os xiitas comemoram anualmente o martírio do imame Husain. Fazem

Foto: Divulgação/ Revista Islâmica Evidências

O último preceito do Islamismo é a peregrinação a Meca. Essa jornada promove a viagem interior de cada peregrino em direção ao centro de si mesmo e da sua libertação final

Interior da Mesquita Sabanc Merkez Camii, Adana, na Turquia

Foto: Divulgação / ABr/ Marcelo Casal Jr.

Xiitas e Sunitas

A morte do profeta dividiu o mundo islâmico. Ele não deixara descendente masculino e nem nomeara claramente um sucessor. Todos os atos, editos e decisões estratégicas eram tomados unicamente por Maomé. A partir de então, não havia quem ocupasse seu lugar. Duas correntes principais começaram a se esboçar.

O sucessor do profeta seria um governante, um califa. Mas a questão sobre quem era o verdadeiro sucessor de Maomé virou motivo de divisão do Islamismo. Em 8 de junho de 632, Abu-Bekr, o sogro de Maomé, foi nomeado sucessor do profeta, por meio de uma eleição, em que participaram líderes presentes na capital.

A corrente sunita, que, além do Alcorão, aceita a *Suna*, o livro que reúne os feitos de Maomé, aceitou a eleição de Abu-Bekr como califa e sucessor de Maomé. Mas a outra facção, os xiitas, discordou com o princípio de cargo eletivo. Os xiitas, que só aceitam o Alcorão como o único livro sagrado, acreditam que a verdadeira liderança deveria vir da linhagem sanguínea do profeta, por meio de seu primo e genro, Ali ibn Ai Talib. Ali deveria ser o primeiro *Imane* [líder e sucessor], pois foi ele quem se casou com a filha de Maomé, Fátima, dando ao profeta seus netos, Hasã e Husain. Entretanto, segundo os xiitas, os três primeiros califas sunitas usurparam seu cargo de direito. Ali ibn Ai Talib acabou sendo o quarto Califa.

Durante o governo de Ali, surgiram rivalidades entre os líderes sírios. Ocorreram batalhas sangrentas, e, para evitar mais derramamento de sangue, eles resolveram submeter suas disputas ao arbítrio do califa. A decisão de Ali desapontou muitos seguidores, e sua liderança se enfraqueceu. Alguns desses grupos de seguidores se tornaram inimigos mortais de Ali. A consequência foi trágica. Em 661, o califa foi assassinado por um *caridjita* [dissidente] fanático, com um sabre envenenado. E, mais uma vez, o Islã estava em crise.

procissões em que alguns se cortam com facas e espadas e se auto-flagelam de outras formas.

Os xiitas acreditam, também, que houve apenas 12 verdadeiros imames, e que o último, Maomé al Muntazar, desapareceu em 878 na gruta da grande mesquita de Samarra, sem deixar descendente. Assim, ele se tornou o *Mustatir* (o imame oculto) ou *Muntazar* (o esperado). No seu devido tempo, ele aparecerá como *Madi* (divindade guia) para restaurar o verdadeiro Islamismo e preparar o mundo para o fim dos tempos.

Atualmente, os xiitas representam cerca de 20% da população mulçumana; os demais são sunitas. Os xiitas são maioria apenas no Irã, no Bahrein e no Azerbaijão.

Os preceitos do Islamismo

Islã, em árabe, tem sua raiz etimológica num outro termo, *salam*, que significa "paz". Entretanto, é traduzido, na verdade, como "submissão", "rendição" e "entrega". No sentido religioso, Islã teria o sentido de "total submissão à vontade de Alá". Alá, por sua vez, é simplesmente o termo árabe que designa Deus. O "praticante" do Islã é chamado de muçulmano.

De acordo com o filósofo franco-argelino Roger Garaudy, em seu livro *Promessas do Islã* (Editora Nova Fronteira, 1988) "o tema central do Islã, em todas as suas manifestações, é o duplo movimento de fluxo do homem em direção a Deus e de refluxo de Deus em direção ao homem: 'na verdade, somos de Deus e a Ele retornamos'". Segundo Garaudy, o Islã se sustenta em cinco preceitos. O primeiro deles é a Profissão de Fé: "existe um único Deus e Maomé é seu profeta". O ensinamento contido nesse preceito é que a natureza e os homens, do mesmo modo que a palavra do Alcorão, são uma manifestação de Deus. "Não há nada que não cante seus louvores, mas vocês não compreendem seu canto" (XVII, 44).

O preceito seguinte é a Oração. O muçulmano entende que a prece é a participação consciente do homem no canto de louvor que liga todas as criaturas ao seu criador. "Volte a si mesmo para encontrar toda a existência resumida em você". A ablução ou limpeza, ritual feito antes da prece, simboliza o retorno do homem à pureza primitiva, por meio da qual ele se torna o perfeito espelho de Deus. *Salat* é o nome das orações obrigatórias que são praticadas cinco vezes ao dia. No Islã, não há sacerdotes; as orações são dirigidas por uma pessoa que conheça o Alcorão e tenha sido escolhida pela comunidade. A salat é realizada ao nascer do sol, ao meio dia, no meio da tarde, ao crepúsculo e à noite, determinando, assim, o ritmo do dia todo.

Foto: Divulgação / ABr/ Marcelo Casal Jr.

Mesquita Sabanc Merkez Camii, na Turquia

O terceiro preceito é o jejum, durante o mês sagrado do Ramadã. O jejum, a interrupção voluntária do ritmo vital, é a afirmação da liberdade do homem em relação ao seu ego e aos seus desejos. Ao mesmo tempo, é a lembrança da presença em nós mesmos daquele que tem fome, incitando o fiel a contribuir para acabar com a miséria no mundo. Todos os anos, durante o mês do Ramadã, os mulçumanos jejuam, desde a alvorada até o pôr-do-sol. Caso contrário, devem alimentar uma pessoa necessitada para cada dia não jejuado.

O quarto preceito islâmico é o *Zakat*. Este princípio afirma que "todas as coisas pertencem a Deus, e que a riqueza está apenas confiada ao homem". É uma verdade que lembra o fiel de vencer em si mesmo o egoísmo e a avareza. A palavra *zakat* significa, "purificação" e, ao mesmo tempo, "crescimento". As posses são purificadas com a separação de parte delas para os necessitados. O próprio mulçumano calcula individualmente seu zakat. Geralmente, fica em torno de 1% a 2% do capital. Ele deve, também, sempre que possível, praticar a caridade (*sadaka*). O zakat seria como o dízimo para os cristãos. A diferença é que seu destino final é a comunidade, e não a igreja.

O último preceito do Islamismo é a peregrinação a Meca. Essa jornada promove a viagem interior de cada peregrino em direção ao centro de si mesmo e da sua libertação final. A peregrinação anual a Meca é uma obrigação para aqueles que são física e financeiramente capazes.

Dois milhões de pessoas aproximadamente vão a Meca a cada ano, de todas as partes do planeta. Os peregrinos vestem roupas simples, para ficarem iguais perante Deus, independentemente de classe social e cultura.

Sufismo: o lado místico do Islã

O Sufismo é a via mística do Islã. Seu objetivo é purificar o coração dos homens, levando o praticante a atingir a união total com Deus. Embora se considere que a corrente mística sufista tenha nascido nos primeiros tempos do Islã, representada por uma sucessão de sábios e ascetas que surgiram no Iraque, no século 8º, ela só foi realmente institucionalizada a partir dos séculos 10 e 11, e não foi antes do século 12 que nasceram as primeiras grandes ordens ou *tarikas*.

No começo, os mestres reuniam em torno de si alguns discípulos, os dervixes, que iam de um lugar para outro em busca de ensinamento. Em seguida, foram fundados conventos ou centros de oração destinados a abrigar os mestres e seus alunos. Apesar do caráter monástico desses conventos, isso não supunha de modo algum o celibato. Aliás, a maioria dos grandes místicos era casada. Esses centros eram, na verdade, lugares privilegiados para a oração e o retiro, onde realizavam-se todas as práticas sufistas. Recebiam tanto homens como mulheres e sua porta era aberta para o exterior. Além disso, os membros, uma vez admitidos, eram considerados todos irmãos e se encontravam em pé de igualdade. Até o século 12, esses conventos eram isolados. A partir de então, eles se reagruparam em ordens mais amplas, reconhecendo um mestre comum e praticando uma disciplina e um método idênticos, a tarika.

Jihad ou djihad

Entre os preceitos básicos da *Suna*, o livro em que se encontram as bases da tradição muçulmana, está a *djihad* ou *jihad*. Por vezes mal compreendida, a jihad pode ser realmente traduzida como "Guerra Santa". Segundo Roger Garaudy, filósofo franco-argelino convertido ao Islamismo, há duas grandes formas de se fazer a Guerra Santa preconizada pelo Profeta: a 'Grande jihad', ou luta contra o ego, e a 'Pequena jihad', que é a busca de persuasão do infiel aos caminhos do Profeta. Garaudy lembra que, no Islamismo, idolatria é adorar como se fosse Deus algo que não é Deus. Neste sentido, a egolatria é uma das formas mais condenáveis de idolatria e a Grande jihad volta-se a dar combate a esta forma de idolatria. A "Pequena jihad" busca, principalmente, pela persuasão, mas à força se necessário, proteger e trazer novos crentes para o Islã.

Ao longo dos séculos, muitas vezes os dervixes colidiram com o Islamismo ortodoxo e suas práticas foram proscritas – como ainda é o caso de alguns países muçulmanos na atualidade. A natureza mística do Sufismo se apresenta como uma sequência de experiências pessoais que compõem uma busca espiritual interior, levando o homem a realizar a unidade com Deus e reencontrar sua natureza "perfeita", recordando sua origem divina e espiritual. Para recordar essa origem divina, os sufis praticam o *zikr*, termo que significa, ao mesmo tempo, "recordação", "menção", "lembrança", "evocação" e "rememoração". O zikr se baseia na repetição de atributos e nomes divinos de Alá, e é também o nome dado às cerimônias sufi, repletas de orações, músicas e, dependendo da ordem, a famosa dança cósmica dos dervixes rodopiantes.

De acordo com a doutrina sufi, o Cosmos (*Baha'iyya*) é delineado por cinco reinos, ou mundos, de Alá: *Hahut* (Reino do UM), *Lahut* (Reino do Intelecto), *Jabarut* (Reino do Poder), *Malakut* (Reino dos Anjos) e *Nasut* (Reino da realidade física, mortal). É o mesmo princípio das *sephiroth*, a Árvore da Vida da Cabala judaica.

A mulher no Islã

A partir do apogeu do movimento feminista em fins dos anos 1970 e das cruéis imagens retratando os maus tratos das mulheres afegãs – o que leva à generalização automática de que esta é a condição de todas as mulheres muçulmanas – o status da mulher islâmica no Ocidente tem sido, no mínimo, vilipendiado. De acordo com o artigo *The Distorted Image of the Muslim Woman*, da norte-americana convertida ao Islã, Naasira bint Ellison, publicado na *Hudaa Magazine*, de Nova Yorque, Estados Unidos, e divulgado pela tradutora Sarah Siqueira, essa visão "tem sido utilizada de modo inadequado, já que a perspectiva oferecida por ela se mostra muito seletiva, exagerando uma realidade desconhecida, por conveniência própria. Desta forma, o universo feminino muçulmano é focalizado de maneira tão distorcida, que nada parece familiar àqueles que verdadeiramente o conhecem".

De fato, a realidade é outra. Segundo os muçulmanos, o Alcorão tenciona estabelecer o equilíbrio entre o homem e a mulher, nunca precedendo um em detrimento do outro. A base da religião muçulmana não determina, realmente, qualquer tipo de discriminação grave contra a mulher. No entanto, as interpretações radicais das escrituras deram origem a casos brutais. A opressão contra a mulher é comum nos países que seguem com rigor a *sharia*, a lei Islâmica, e têm tradições contrárias à libertação da mulher – como o Afeganistão, sob o regime Talibã. Assim, o problema da opressão à mulher muçulmana não é causado pela crença islâmica em si – ele surgiu em culturas que incorporaram tradições preconceituosas com relação às mulheres.

O que se observa, na verdade, é que a tradição islâmica está cheia de referências positivas ao universo feminino. Uma das mais nobres figuras da história do Islã é uma mulher, Aicha, esposa de Maomé, conhecida por sua inteligência privilegiada e ótima memória. Ela debatia frequentemente com o marido os assuntos da comunidade Islâmica, fossem simples ou complexos, influenciando a decisão final. Depois da morte do profeta, Aicha também foi uma grande preservadora, organizadora e divulgadora das suas tradições.

Outro exemplo é Nafissah, descendente do califa Ali, que ficou famosa por seu conhecimento nas ciências e na literatura. As mulheres muçulmanas eram estimuladas a estudar e a aprender, e Nafissah se superou. Dizem que Iman Shafii, um dos maiores teólogos do Islã, recorria a ela quando lhe assolava a dúvida em qualquer aspecto do Islã, fosse literário, sociológico e até mesmo jurídico.

A reverência do Islã pela figura feminina também se expressa na figura da mãe, consideradas sagradas. O próprio Maomé afirmou que "o paraíso está abaixo dos pés das mães".

Foto: Divulgação/ Revista Islâmica Evidências

O casamento

No Islã, os laços familiares são extremamente importantes. O estudioso islâmico Badar Khan afirma que "uma família é entendida como uma estrutura especial cujos elementos principais são ligados uns aos outros por meio dos laços sanguíneos estabelecidos pelo casamento, que, para se concretizar precisa satisfazer exigências mútuas, definidas pela religião, reforçadas pela lei e institucionalizado pelos indivíduos".

No Islã, os pais desempenham um papel importante na escolha do futuro esposo da filha. Mas, para que possa se concretizar esta união, é necessário o consentimento das mulheres. Escolhido o noivo, há uma cerimônia de apresentação. Se as duas partes concordam, o casamento é marcado. No ato de assinatura do contrato de casamento, o noivo entrega espontaneamente o dote, *mahr*, à noiva. Segundo Khan, o dote não tem outra finalidade senão materializar o respeito do noivo pela esposa. Apesar da intervenção dos pais na escolha do marido, ou mesmo da esposa, dos filhos, isso não é compulsório, ao menos em tese. Há muitas histórias na literatura muçulmana em que a mulher se nega a casar, não importando o que os pais façam. No final das contas, claro, tudo depende da relação entre pais e filhos. De qualquer maneira, o mandamento do Alcorão é enfático: "Ó fiéis, não vos é permitido herdar as mulheres, contra a vontade delas, nem as atormentar, com o fim de vos apoderardes de uma parte daquilo que as tenhais dotado, a menos que elas tenham cometido comprovada obscenidade. E harmonizai-vos com elas, pois se as menosprezardes, podereis estar depreciando seres que Deus dotou de muitas virtudes".

Estado iluminado

Foto: Divulgação

Para os budistas, a morte é apenas o começo da nova etapa do caminho existencial. Vida e morte estão somente na mente, especificamente na parte que discrimina e julga

Por Claudio Blanc

O Budismo nasceu em cerca de 500 a.C., quando Sidarta Gautama, que tinha nascido um nobre *kshatria* – a casta dos guerreiros e governantes –, atingiu a Iluminação. Gautama não foi o primeiro Buda ou "O Iluminado". Foi o quarto e, possivelmente, nem de perto o último. O Budismo prega que a Iluminação é a meta de todas as criaturas. Assim todos, um dia, finalmente a atingirão. A doutrina se baseia no "Caminho do Meio", a busca da moderação em tudo o que se faz.

Sidarta Gautama

Sidarta Gautama nasceu em 536 a.C. onde hoje é o Nepal. Segundo previsões feitas por magos e astrônomos, ele era um predestinado. No entanto, seu destino era ambíguo. Os videntes disseram a seu pai, um rei do clã guerreiro dos *sakyas*, que Sidarta poderia ser um *Chakravartin* (aquele que faz girar a roda), isto é, um "Rei Universal". Caso renunciasse ao mundo, poderia se tornar o redentor de toda a Terra. Então, o pai de Sidarta decidiu orientar o destino do filho para ser Rei Universal.

Cercando Sidarta de luxos, ele não permitia que o príncipe se afastasse dos prazeres da corte e não poupou esforços para manter o filho ligado ao mundo. Três palácios e 40 mil dançarinas foram colocados à sua disposição, e ordens estritas foram dadas para que o príncipe não tivesse contato com a doença, a decrepitude e a morte. O rei teve sucesso por um tempo, mas não conseguiu impedi-lo de, aos 29 anos, encontrar sucessivamente um velho, um moribundo e um cadáver.

A experiência o fez perceber a esvanecência das coisas materiais e buscar a Verdade por trás da ilusão do mundo. Sidarta desistiu da vida de príncipe para obter a Iluminação. Depois de anos de mortificação, em que adquiriu controle sobre a vontade, devotou-se a combinar o rigor do pensamento com a profunda concentração.

Numa noite de lua cheia do mês de maio, em Gaya, no nordeste da Índia, Sidarta sentou-se debaixo de uma figueira, que veio a ser conhecida como *Árvore Bo* (abre-

Foto: Divulgação

viação de *bodh*, "iluminação"), e passou a noite em profunda meditação. Quando o sol nasceu, tinha vencido o medo da morte e os desejos carnais, tinha visto todas as suas vidas pregressas e se fundido ao Cosmos. Seu ser havia se transformado. Sidarta emergia como o Buda.

As Quatro Verdades Nobres

A visão de mundo que Gautama obteve no transe meditativo que o levou a atingir oNirvana é o centro da sua filosofia. O Buda a chamou de "As Quatro Nobres Verdades" – segundo ele, a realidade do universo. A primeira é que a vida é sofrimento. A segunda é que tal sofrimento se origina do desejo. A terceira diz que a ilusão que permeia o mundo não deixa que nos libertemos desse desejo. A última nobre verdade é, na realidade, a cura para os três males anteriores. Ela afirma que a maneira de se encontrar a trilha que leva à Iluminação é o "Caminho Óctuplo", uma série de preceitos morais e filosóficos que levariam o fiel a anular seu karma e atingir a Iluminação.

O Caminho Óctuplo do Buda, sua Quarta Nobre Verdade, descreve a trilha para a salvação. São oito categorias da "Correta" ação: Correto Falar, Correta Ação, Correta Profissão, Correta Concentração, Correto Esforço, Correta Atenção, Correta Compreensão e Correto Pensamento. O Buda ensinava que a prática dessas virtudes nos conduz à salvação.

Três veículos

O líder religioso nunca escreveu seus ensinamentos e, ao longo do tempo, duas escolas principais acabaram se desenvolvendo. Cerca de cem anos depois da morte do Buda, houve uma cisão entre seus seguidores, segundo a interpretação que faziam dos ensinamentos do mestre. Eles se dividiram em dois grupos. O primeiro insistia que a salvação era uma tarefa em tempo integral. Aqueles que tinham eleito o Nirvana como seu objetivo central deveriam desistir do mundo e se tornar monges, como o próprio Buda fizera. Para eles, a Iluminação era para poucos. O segundo grupo, porém, não depositou todas as suas esperanças no esforço pessoal. Acreditava que a perspectiva do Budismo era tão relevante para o leigo como para o monge. Podia, portanto, ser aplicada tanto no mundo como no mosteiro. Os dois grupos vieram a se chamar *yanas*, isto é, "barcos", pois ambos afirmavam que levavam as pessoas pelo mar da vida até as praias da Iluminação. O segundo grupo, porém, contava com ajuda cósmica, ou seja, da graça universal. Além disso, entendia o Budismo como uma religião para as massas. Assim veio a se chamar de *mahayana* – "a grande balsa"–, pois conduzia um grande número de pessoas ao Nirvana. Já o outro grupo chamado de *hinayana*, ou "pequena balsa". No entanto, não concordando com o nome, o último grupo se autodenominou *theravada*, isto é, "o caminho dos anciões", ou ainda, "pequeno veículo". O Budismo *theravada* sustenta que o caminho para o Nirvana, o estado de Iluminação, é uma busca individual. Uma terceira escola acabou se desenvolvendo com uma forte influência hindu e tântrica. É o Budismo *vajrayana* ou tibetano, que tem sua prática enraizada na região de Ladakh, o Tibete indiano.

Budismo tibetano

Uma antiga lenda conserva a memória de como o Budismo chegou ao Tibete. Isso aconteceu, segundo a tradição, no século 5º. Um dia, o rei Lhathothori Nyantzan estava descansando no topo do Monte Yungbo Lhakang, quando, de repente, um tesouro caiu do céu. O rei não tinha a menor ideia do que era aquilo, mas uma voz misteriosa lhe disse que o 33º tsampo, ou rei, da Dinastia Yarlung saberia como usar aqueles objetos. E foi, realmente, no reinado de Songtsen Gampo, que o Budismo chegou ao Tibete. Num esforço para estabelecer laços econômicos e culturais com reinos vizinhos, Gampo se casou com a princesa Bhrikuti Devi, do Nepal,

O que foi Buda?

Conta uma antiga lenda que as pessoas iam procurar o Buda e, admiradas, frequentemente perguntavam: o que é você? Não quem é você, mas o quê.
Você é um deus?
Não.
Um anjo?
Não.
Um santo?
Não.
Então, o que é você?
E o Buda respondia:
Sou aquele que despertou.
Sua resposta acabou se tornando seu título, pois a raiz sânscrita *budh* denota tanto "despertar" quanto "saber".

e a princesa chinesa Wencheng, da Dinastia T'ang (618-907). Cada princesa viajou para o Tibete com uma estátua de Buda, e, uma vez lá, influenciaram seus respectivos maridos a construir os mosteiros de Jokhang e Ramoge, em Lhasa. Logo a seguir, os monges que acompanharam as princesas começaram a traduzir as escrituras budistas, estabelecendo definitivamente o Budismo no Tibete.

Atisha

Depois da morte de Songtsen Gampo, a nova religião foi duramente perseguida. Contudo, no século 11, quando o ambiente voltou a se tornar propício para o Budismo, um senhor da guerra tibetano, que viria a se tornar o monge Yeshe-Ö, "a Luz do Conhecimento", convidou o grande mestre indiano Atisha (982-1055) para lecionar no país. Depois de uma série de recusas, Atisha finalmente chegou ao Tibete, em 1042, instruindo um grande número de discípulos até a sua morte. Para tanto, Atisha escreveu *Luz para o Caminho*, o texto original do *Lamrim* – instruções especiais conhecidas como "os estágios do caminho". Os seguidores de Atisha são conhecidos como Kadampas, que poderia ser traduzido como "portador da palavra de instrução pessoal", referindo-se ao conhecimento que estes teriam do Lamrim. O Budismo mahayana que Atisha trouxe da Índia acabou se tornando mais influente ali do que no seu país natal, onde veio a desaparecer.

Com o passar do tempo, a doutrina trazida por Atisha se diversificou conforme as diferentes orientações, fazendo emergir as atuais ordens monásticas do Tibete.

Fotos: Divulgação

A Tailândia abriga alguns dos pontos históricos do Budismo

O Buda Vivo

O termo "Buda Vivo" surgiu quando o imperador mongol da China, Kublai Khan, honrou o líder da seita Sakya com o título de "Buda do Paraíso do Oeste". A partir daí, todos os monges que se distinguiam na prática do Budismo eram chamados de Buda Vivo.

Em 1252, Kublai Khan concedeu uma audiência a Karma Pakshi, um monge eminente da seita Karma Kagyu, depois incorporada à escola Gelup. O imperador conferiu a Karma Pakshi um chapéu com abas douradas. Para firmar os interesses de sua seita, em 1283, Pakshi deixou um testamento orientando seus discípulos a procurar um garoto para herdar o chapéu dourado. Essa instrução era baseada na premissa de que um bodisatva, isto é, uma pessoa que atingiu a Iluminação, sempre reencarna para completar as missões que havia iniciado. Os discípulos de Karma Pakshi agiram de acordo com as orientações e encontraram o garoto com a alma reencarnada do mestre. O evento marcou a introdução do sistema de reencarnação do Buda Vivo, adotado, posteriormente, por outras escolas do Budismo tibetano.

O Dalai Lama

O título Dalai Lama, "Oceano de Sabedoria", foi dado por um imperador mongol ao monge Sonam Gyatso, em 1578. Para os tibetanos, os Dalai Lamas são emanações de Chenrezig ou Avalokitesvara, o Buda da Compaixão, que escolheu voltar a reencarnar para servir a humanidade. A linhagem começou no século 16 e continua até hoje. Mas foi somente no século 17 que o poder temporal e secular do Tibete passou a ser exercido pelos Dalai Lamas, quando o quinto da linhagem, Losang Gyatso, o Grande, assumiu essa incumbência. Um Dalai Lama não é apontado ou eleito. Ele nasce para essa tarefa. Quando um Dalai Lama morre, deixa sinais que indicam onde renascerá. Atualmente, o Dalai Lama encontra-se na sua décima quarta encarnação.

Escolas do Budismo tibetano

BÖN: o termo significa "recitação ou invocação". Remete a vários movimentos religiosos que surgiram no oeste do Tibete, antes da introdução do Budismo. Seus sacerdotes, chamados *bönpos* ou *shens*, realizavam práticas xamânicas, divinações, curas e exorcismos. Depois do século 11, desenvolveram um sistema religioso próprio, muito semelhante ao das escolas budistas tibetanas. De acordo com a história tradicional, o *bön* foi fundado por Tenpa Sherab Miwoche. Segundo a lenda, Tenpa Sherab, um contemporâneo de Buda, teria criado o Bonismo em Tag-gzig, um país místico, localizado numa terra imaginária. A cosgomonia bön ensina que, no início, tudo que havia no universo eram dois ovos, um branco e outro preto. Os dois ovos se quebraram, e do ovo branco saíram os deuses e humanos, e do preto saíram os demônios e os parasitas. Com o tempo, o bön e o Budismo se amalgamaram, modificando-se mutuamente. O Budismo tibetano absorveu algumas crenças e rituais do Bonismo, como o uso do oráculo, a astrologia e o panteísmo. As escolhas dos Tulkus [reencarnações], por exemplo, começavam com consultas a um oráculo, previsões astrológicas e observações de visões em lagos sagrados. Influenciado pelo Bonismo, o budista Padmasambhava afirmou que as divindades bonistas eram, na verdade, as menores do Budismo. Além disso, ele adotou as crenças e os rituais bonistas, e permitiu que se comesse carne. Por outro lado, o Bonismo foi modificado pelo modelo budista para se tornar um ramo do Budismo tibetano, a "Seita Negra". Atualmente, o bön continua com características próprias, como a invocação de espíritos, oferendas e divinações. A organização monástica é semelhante ao sistema budista tibetano, assim como a literatura e os ensinamentos da "Grande Perfeição".

NYINGMA: a primeira tradição a aparecer no Tibete, no século 7º, foi a *Nyingma* ou "Escola dos Antigos". Fundada pelo missionário Padmasambhava e pelo bodisatva Shantarakshita, também ficou conhecida como a "Seita Vermelha", visto que seus monges usavam chapéus vermelhos. A Escola Nyingma procurou absorver alguns aspectos da religião bön, e, ao mesmo tempo, recuperou os sutras ou aforismos – a mais breve definição de um princípio – budistas que o rei Lang Dharma havia tentado destruir. Os primeiros ningmapas eram monges e leigos que seguiam as primeiras traduções do cânone budista. O principal ensinamento desta escola é conhecido como *Maha Ati*, ou "a Grande Perfeição", introduzido no Tibete ainda no século 7º pelo iogue indiano Vimalamitra. Esse ensinamento aponta diretamente para a perfeição natural da mente desperta, o legado supremo do Buda.

ESCOLA SAKYA: *Sakya* significa em tibetano "terra cinza". Isso porque seu mais famoso mosteiro, o Mosteiro Sakya, foi construído numa região do Tibete conhecida por sua "terra cinza". A Escola Sakya foi fundada em 1073 por Konchok Gyelpo, membro de uma influente família de seguidores da Escola Nyingma. Konchok recebeu do tradutor tibetano Drogmi os ensinamentos da linhagem do mestre tântrico indiano Virupa. Em seu livro *Introduction to Tibetan Buddhism*, John Powers revela que Virupa se tornou um mestre *siddha* [um adepto do tantrismo] e tinha controle sobre a vida e a morte. Ele podia criar aparências à vontade e as limitações das pessoas comuns não se aplicavam a ele. Diz-se que viveu 700 anos e, finalmente, atingiu a libertação completa. A tradição Sakyapa tomou forma definitiva com o filho de Konchok Gyelpo, Sanchen Kunga Nhigpo [1092-1158], e, nos dois séculos seguintes, com outros quatro grandes mestres, entre eles Sakya Pandita, um dos lamas – a palavra tibetana para "guru" ou professor – mais importantes dessa escola. O mestre à frente da tradição Sakya é tido como uma emanação de Manjursi, o bodhisattva da sabedoria.

GAGYU: fundada no século 11 pelo educador e tradutor tibetano Marpa, esta escola pregava que os princípios tântricos deveriam ser passados oralmente de geração a geração. Tal tradição veio a ser chamada de *Kagyu* ou "passada oralmente". Marpa viajou três vezes para a Índia, onde passou duas décadas estudando as escolas do pensamento indiano. Como Marpa usava um manto branco para praticar o Budismo, a tradição Gagyu acabou também sendo chamada de "Seita Branca". Os ensinamentos enfocam, principalmente, os campos da filosofia da mente e da ciência da meditação. A Escola Kagyu tem se desenvolvido por meio dos séculos na linhagem Karmapa ou Karma Kagyu, que começou com o Karmapa Dusum Khyenpa [1110-1193] e é representado atualmente pelo 170 Gyalwa Karmapa, Ogyan Drodul Trinley Dorje.

GELUG: também conhecida como "escola dos virtuosos", foi fundada pelo monge tibetano Tsongkhapa Losang Dragpa, considerado uma emanação dos bodhisattvas Avalokiteshvara, Manjushri e Vajrapani. No começo do século 15, a classe superior dos monges se envolveu numa luta por poder econômico e político, fazendo que as instituições religiosas se tornassem decadentes e perdessem a popularidade. Tsongkhapa, esforçando-se para que os princípios do Buda não fossem corrompidos, escreveu vários livros, buscando reformar o Budismo local. Renomado erudito, praticante de meditação e filósofo, Tsongkhapa desenvolveu em seu trabalho escrito uma visão inteligível da filosofia e da prática budistas. Sobre esse místico, o escritor John Powers relata em seu livro, *Introduction to Tibetan Buddhism*: "A educação monástica de Tsongkhapa começou muito cedo. Na adolescência, já se dedicava totalmente à prática e aos estudos religiosos, viajando pelo Tibete e recebendo ensinamentos de lamas de todas as escolas do Budismo tibetano. Apesar de sua crescente reputação, vivia de maneira simples e livre de qualquer ostentação ou arrogância. Tinha a habilidade de impressionar as pessoas com sua erudição e profunda sabedoria, enquanto simultaneamente as mantinha tranquilas na sua presença. Nunca era rude ou desrespeitoso com seus oponentes de debates, sempre mantinha sua equanimidade e respondia a todas as perguntas com igual respeito". A palavra Gelug significa "mandamentos", mas como Tsongkhapa e seus seguidores usavam chapéus amarelos, essa escola ficou conhecida como "Seita Amarela". Desde a sua fundação, em 1409, iniciou a formação dos dois maiores sistemas de reencarnação dos Budas Vivos – o do Dalai Lama e o do Panchen Lama. Esses sistemas representam a principal distinção entre a tradição tibetana e as outras formas de Budismo.

O 14º Dalai Lama

O 14º Dalai Lama nasceu em 6 de julho de 1935, na vila de Taktser (região leste do Tibete), logo depois da morte do seu antecessor. Dizem que, ao morrer, a cabeça do 13º Dalai Lama pendeu para o leste, indicando o local do seu futuro renascimento. Imediatamente, começou-se a procura pelo novo líder político e espiritual do Tibete.

Seguindo premonições e sonhos, em 1937, alguns monges chegaram, finalmente, à remota aldeia de Taktser. Para não despertar atenção, viajavam disfarçados de mercadores e não revelaram qual era o objetivo da visita. Os monges perceberam que todas as características daquele lugar eram idênticas às descrições da visão que o regente do Tibete, o substituto temporário do Dalai Lama, tivera. Assim, seguiram até a casa de uma família de lavradores, onde havia um menino de dois anos.

Lhamo Dhondrub mal sabia falar, mas reconheceu os dois monges, chamando-os pelo nome. Depois, Lhamo identificou alguns objetos pessoais do 13º Dalai Lama que os sacerdotes traziam com eles. Dois anos depois, veio a confirmação: Lhamo era realmente 14º Dalai Lama. Em seguida, o menino foi levado para Lhasa, a capital do país, onde passou a viver no Palácio de Potala. Em 22 de fevereiro de 1940, Lhamo foi entronado como lider espiritual do Tibete e recebeu seu novo nome: Jetsun Jamphel Ngawang Lobsang Yeshe Tenzin Gyatso – Santo Senhor, Glória Gentil, Misericordioso, Defensor da Fé. Os tibetanos normalmente se referem a ele como Yeshe Norbu – a "Jóia que satisfaz os desejos". Fugindo do Tibete em 1959, atualmente, ele é o líder do governo tibetano no exílio. Por seus esforços pela paz, ganhou o Prêmio Nobel da Paz em 1989.

Males que vêm para o bem

É difícil pensar que a invasão chinesa do Tibete tenha resultado em algum bem. O saldo atinge proporções catastróficas: genocídio, ambienticídio e o esforço consciente pela total obliteração da cultura do país. No entanto, os próprios monges tibetanos – as principais figuras

Foto: Divulgação / Editora Martins Fontes

Um Dalai Lama não é apontado ou eleito. Ele nasce para essa tarefa. Quando um Dalai Lama morre, deixa sinais que indicam onde renascerá. Atualmente, o Dalai Lama encontra-se na sua décima quarta encarnação

Um monge estudando os mantras

da resistência contra a invasão chinesa – têm a grandiosidade de perceber que o seu drama acabou revelando ao mundo uma dos maiores trunfos do Tibete: sua religião.

Esses religiosos se lembraram das instruções do Buda aos seus primeiros discípulos: "Vão para o mundo, monges, para o bem de muitos, para a felicidade de muitos, por compaixão de todos". E, com a invasão chinesa, a sabedoria tibetana começou a fluir como uma cascata do teto do mundo em direção ao Ocidente. Monges e monjas, lamas e mestres que nunca haviam deixado seus mosteiros encontraram um universo sedento por seus ensinamentos. Conforme John Powers afirma em seu livro, *Introduction to Tibetan Buddhism*, "como resultado da diáspora, pesquisadores ocidentais hoje têm acesso à literatura tibetana, o que nunca seria possível se o Tibete permanecesse isolado. Ainda mais do que isso, a invasão chinesa conduziu a maioria dos grandes sábios e religiosos do Tibete ao exílio, fazendo que as pessoas interessadas em estudar o Budismo tibetano pudessem se encontrar com eles e receber suas explicações orais".

Livro Tibetano dos Mortos

Os ensinamentos contidos no *Livro Tibetano dos Mortos* têm origem remota e incerta. Seu nome original é *Bardo Tödrol Chenmo*, que significa "Grande Liberação por meio da Audição no Bardo", e faz parte de um conjunto de instruções transmitidas pelo mestre Padmasambahva e revelado no século 14 pelo tibetano Karma Lingpa. A primeira tradução para a língua inglesa foi editada em 1927 por W.Y. Evans-Wentz e, de lá para cá, sofreu diversas revisões para que fosse possível uma aplicação prática do texto no mundo ocidental. Nesse sentido, muitas dificuldades ainda persistem, mas a linguagem ocidental que mais se aproxima dos ensinamentos do Budismo é a da psicologia contemporânea.

Nova etapa

Para os budistas, a morte é apenas o começo da nova etapa do caminho existencial. Vida e morte estão somente na mente, especificamente na parte que discrimina e julga. Esta mente produz pensamentos, desejos e emoções que mudam no decorrer da vida à medida que mudamos nossos referenciais externos. No entanto, a natureza mais profunda da mente é absoluta, permanente. Esta natureza foi simbolizada por muitos nomes nas diversas tradições: Deus, Eu Superior, Shiva, Brahma, Vishnu, natureza búdica, assim por diante. O *Livro Tibetano dos Mortos* contém ensinamentos para todos, quer estejamos "vivos", quer estejamos morrendo, ou quer estejamos "mortos". Indica como podemos reconhecer e aproveitar as oportunidades que surgem nos Bardos para dissolvermos nossas ilusões e penetrarmos no estado desperto ou búdico – isto é, a Iluminação.

Bardo

A palavra *Bardo* significa "estado intermediário". Na linguagem cotidiana dos tibetanos, é o estado entre a morte e o renascimento, mas o conceito se aplica aos muitos momentos da nossa existência em que nos encontramos nem lá, nem cá. São momentos que estamos como que "suspensos" entre duas situações básicas. Na visão budista, não há separação entre vida e morte. As passagens se sucedem, uma após a outra, e os períodos intermediários entre elas, apesar de serem carregados de incertezas e dúvidas, são verdadeiros potenciais de liberação. Na morte em especial, esse potencial é grandemente multiplicado.

Foto: Divulgação

Realidades intermediárias

Os budistas dividem a existência em quatro realidades intermediárias ou os quatro bardos que se sucedem:

1 **Bardo "natural" desta vida** - diz respeito ao período entre nascimento e o início da morte. Na nossa visão ocidental, parece um tempo muito maior que uma simples transição, mas, se considerarmos toda a nossa história de muitas vidas, vamos verificar que este período não é tão longo assim. De acordo com os ensinamentos do Budismo tibetano, esse é o momento para nos prepararmos para a morte, quando, então, teremos a oportunidade de retomar a nossa natureza luminosa essencial.

2 **Bardo "doloroso" da morte** – envolve desde o início do processo de morrer até a morte em si. Diz-se "doloroso" porque mergulhamos numa enorme incerteza, oscilando entre a insanidade e a Iluminação. Inicialmente, perdemos a sensação tangível do nível físico. Em seguida, a mente vai se esvaecendo, perdendo sua nitidez. As emoções se agitam. Tentamos nos ancorar em pessoas que amamos (ou odiamos) e, com isso, o fogo das emoções começa a queimar. Gradualmente, a lenha vai se consumindo, e as lembranças vão ficando cada vez mais vagas. Tudo vai se esvaziando até que desponte a natureza da mente, ou "luminosidade-base", e tudo volta ao estado original, pois os três venenos – origens de nossas ilusões – se dissolvem: raiva, desejo e ignorância.

3 **Bardo "luminoso" do dharmata** – é o intervalo entre a morte e o renascimento. Ao despontar a natureza essencial da mente, temos a grande oportunidade de Iluminação. Nem todos, porém, conseguem identificá-la. Apesar de as emoções negativas terem se retraído com o surgimento da luminosidade, os hábitos e os apegos arraigados de muitas vidas permanecem escondidos no fundo de nossa mente ordinária. A maioria de nós opta por agarrá-los novamente, mergulhando mais uma vez no oceano de *samsara* (ilusão).

4 **Bardo cármico do "vir-a-ser"** – não reconhecendo a luminosidade-base, o bardo do dharmata passa como um raio, e começamos, então, a recomposição de nossa nova existência. Nossas velhas tendências ficam ativadas e, apesar de a mente estar dotada de bastante clareza, nos movemos em direção aos nossos apegos. Começamos a agir sob o impulso do carma, fruto das nossas ações, de forma praticamente automática e cega, sendo, finalmente, atraídos ao útero, onde reiniciaremos nossa próxima jornada.

Doutrina espírita

Saiba mais sobre uma das religiões que mais crescem no Brasil. Entenda o que é a reencarnação, como se dá a evolução do espírito e a evangelização

Por Claudio Blanc

O conhecimento preconizado por Leon-Hippolyte-Denizart Rivail (1804 - 1869), um filósofo e educador tão afeito à ciência que frequentava várias academias científicas, buscava o progresso e a regeneração moral e intelectual da humanidade. A filosofia que veio a conceber, que chamou de "Espiritismo", se baseou nos estudos que realizou sobre a manifestação dos espíritos, a partir de 1855. Rivail se dedicou a investigar o fenômeno das mesas girantes, uma brincadeira de salão muito comum na Europa da época em que mesas dançavam, escreviam, batiam o pé e até falavam. Estudando esses fenômenos, deduziu consequências filosóficas e estabeleceu o princípio das leis que regem a relação entre o mundo visível e o invisível. Ao longo de suas pesquisas, percebeu também a conexão de tudo que havia apreendido com pontos de vista de várias religiões.

Fenômenos naturais

A Sociedade Parisiense de Estudos Espíritas, fundada por Kardec em 1858, se empenhou em demonstrar que os fatos falsamente chamados de "sobrenaturais" são sujeitos a leis e, portanto, tratam-se de fenômenos naturais.

Conforme um artigo publicado na Revista Espírita por ocasião da sua morte, Kardec, "homem de caráter frio e severo, observara os fatos e das observações estabeleceu as leis que os regem". Dessa forma, ele "foi o primeiro que, a propósito desses fatos, teorizou e constituiu um corpo de doutrina regular e metódico". Era ciência aplicada aos fenômenos dos espíritos. Para os espíritas, o filósofo Kardec tornara-se cientista ao assinar o "como queríamos demonstrar" de um verdadeiro teorema espiritual. De acordo com os kardecisas, pela primeira vez, a ciência se unia à religiosidade para estudar o mundo místico. Com sua metodologia, análise e produção de literatura, Kardec buscava criar uma nova ciência.

Allan Kardec

A partir de 1857, ele começou a publicar suas conclusões com o pseudônimo de Allan Kardec – seu nome em uma das suas encarnações, na qual fora um druida gaulês. O *Livro dos Espíritos*, sua primeira obra, trazia a parte filosófica da nova doutrina. Em 1861, era lançado o *Livro dos Médiuns*, que abordava a parte experimental e científica do Espiritismo. O *Evangelho Segundo o Espiritismo*, que trata da parte moral da nova doutrina, foi publicado em 1864. Allan Kardec lançou outros livros, além de editar durante anos a Revista Espírita. No entanto, são estas três que obras contêm o cerne da nova doutrina.
Kardec definiu o Espiritismo como uma "ciência experimental e doutrina filosófica". E explicou: "Como ciência prática, tem sua essência nas relações que se podem estabelecer com os espíritos; como filosofia, compreende as consequências morais decorrentes dessas relações".

Allan Kardec

Foto: Divulgação / FEB

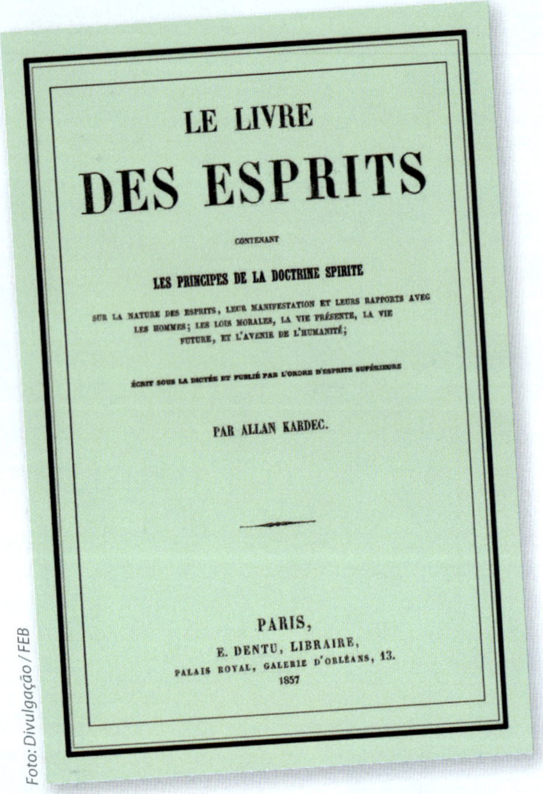
LE LIVRE

DES ESPRITS

CONTENANT

LES PRINCIPES DE LA DOCTRINE SPIRITE

SUR LA NATURE DES ESPRITS, LEUR MANIFESTATION ET LEURS RAPPORTS AVEC LES HOMMES; LES LOIS MORALES, LA VIE PRÉSENTE, LA VIE FUTURE, ET L'AVENIR DE L'HUMANITÉ;

ÉCRIT SOUS LA DICTÉE ET PUBLIÉ PAR L'ORDRE D'ESPRITS SUPÉRIEURS

PAR ALLAN KARDEC.

PARIS,
E. DENTU, LIBRAIRE,
PALAIS ROYAL, GALERIE D'ORLÉANS, 13.
1857

Foto: Divulgação / FEB

O sucesso de "O Livro dos Espíritos" superou todas as expectativas. Allan Kardec começou a receber correspondências de todo o mundo, de pessoas relatando fenômenos espíritas em várias partes do planeta

Espiritismo e outras doutrinas espiritualistas

De acordo com o *Panteísmo*, palavra derivada do grego [*pan*, "tudo", e *Théos*, Deus], após o fim de uma existência no corpo, a alma retorna de onde proveio e não mantém sua individualidade. Já a maioria das doutrinas espiritualistas concebe a alma como um ser moral, distinto e independente da matéria, que conserva sua individualidade após a morte.

O Espiritismo está baseado em muitas vivências da mesma alma, alternando períodos do plano espiritual com outros no plano físico, ou seja, a reencarnação da alma cada vez em corpo diferente.

Na doutrina espírita, a reencarnação representa a oportunidade de progresso, visto que, no mundo espiritual, a alma se refaz e adquire nova visão. Estas são experiências diferentes, necessárias para o desenvolvimento do espírito. Dessa forma, o Espiritismo admite a "pluralidade das existências".

Data de fundação

O Espiritismo é originário de 18 de abril de 1857 – data da publicação da primeira edição do *Livro dos Espíritos*. De fato, foi essa obra que deu coesão à teoria de Kardec, unindo elementos esparsos num quadro inteligível a todos. *O Livro dos Espíritos* também atraiu a atenção de alguns intelectuais franceses, que apoiaram esse momento inicial do Espiritismo.

As ideias de Kardec caíram como luva para a mente científica do século 19 (e por que não dizer também para a dos séculos 20 e 21?). Em poucos anos, o Kardecismo encontrou um número incrível de simpatizantes em toda a Europa e nas Américas.

O que é Deus?

No *O Livro dos Espíritos*, Allan Kardec define Deus como a inteligência suprema, causa primária de todas as coisas. Trata-se do criador capaz de guiar a criação com sabedoria. O objetivo principal da doutrina espírita é mostrar como Deus age na criação. Torna-se difícil falar de Deus, já que as palavras simbolizam ideias ainda pequenas, considerando o atual estágio evolutivo do homem. Embora existam limitações que condenem uma abrangência parcial, a doutrina não deixa de transmitir a visão de Deus.

Vale acrescentar que, na doutrina espírita, entende-se o conjunto das leis naturais como a "manifestação" da vontade de Deus. Por isso, também são chamadas de "leis divinas". Pelas leis divinas ou naturais, Deus se faz presente em tudo, a todo instante e de maneira uniforme. Isto significa que nada acontece à revelia de Deus, visto que a lei nunca está ausente e nem contra ele. Tais leis são, portanto, amostra do amor de Deus e o clima em que sua vontade se cumpre é de infinita bondade.

Espírito

Em *O Livro dos Espíritos*, Allan Kardec afirma que tudo que existe no universo deriva dos princípios material e espiritual. O princípio espiritual ou inteligente gera espíritos, seres únicos, com trajetória própria. Cada um faz seu caminho evolutivo, passando da simplicidade para o conhecimento e chegando à meta da sabedoria. Já o princípio material dá origem a toda matéria existente. Enquanto o espírito sobrevive sempre, a matéria desorganiza-se continuamente, servindo de apoio à evolução dos espíritos.

Em certo momento do processo evolutivo, o espírito atinge o estágio de humanidade, que se diferencia das fases anteriores pela aquisição gradativa de livre-arbítrio, responsabilidade e senso moral.

Segundo a doutrina, o espírito sobrevive ao corpo material. Ao assumir a vida corporal, na Terra, conserva características de sua individualidade e traz o resultado das experiências vivenciadas. Dessa forma, em qualquer dos mundos, os espíritos pensam, sentem, desejam, aprendem e progridem. A vida do espírito se inicia na criação e se prolonga por toda uma trajetória de crescimento, chamada de "ciclo evolutivo".

A Sociedade Parisiense de Estudos Espíritas, fundada por Kardec em 1858, se empenhou em demonstrar que os fatos falsamente chamados de "sobrenaturais" são sujeitos a leis e, portanto, tratam-se de fenômenos naturais

Foto: Divulgação/ Paris Tourist Office/ Stéphane Querbes

O túmulo de Allan Kardec, em Paris

VIDA APÓS A MORTE

O Espiritismo apresenta evidências e as assume como conhecimentos necessários para sobreviver. Com outras informações, a doutrina articula o conhecimento que tem sobre a continuidade da vida e a imortalidade da alma.

De acordo com o Espiritismo, espíritos encarnados e desencarnados não estão separados por fronteiras, ou seja, convivem naturalmente. É claro que a maioria dos encarnados não tem percepção nítida da presença dos espíritos. Estes se comunicam diretamente, seja pelo pensamento, pela intuição ou por meio dos médiuns.

Reencarnação

Reencarnar significa "voltar a assumir um corpo de carne". A cada reencarnação, o espírito adquire um corpo diferente, pois o anterior é desintegrado por ocasião da morte física. Do ponto de vista evolutivo, a reencarnação representa a possibilidade de vivência em novas situações, necessárias ao desenvolvimento do espírito. Quando retorna à vida física, o espírito tem a oportunidade de reformular conceitos, sempre auxiliado de perto por espíritos amigos, esclarecidos.

EVOLUÇÃO

Quando criado, o espírito não dispõe de conhecimento e não exercitou ainda o processo de viver, portanto, é simples e ignorante. Apesar disso, traz em seu íntimo a semente da Lei Divina, destinada ao pleno desenvolvimento. Nela, se encontra a essência do amor, da justiça, da caridade, do trabalho e do sentimento de igualdade, dos compromissos consigo e com o próximo. No decorrer da existência, o espírito liberta-se da ignorância e aprende até conquistar a sabedoria.

A FAMÍLIA

De acordo com a doutrina, os espíritos que reencarnam em uma família têm características próprias, vivência anterior e projetos de aprendizado, reajuste e crescimento. Para tanto, o espírito reencarnante conta com a ajuda dos que lhe farão companhia no mundo físico. Em geral, a reencarnação necessita de mútuo consentimento ou de mútua aceitação.

Vale lembrar que, além dos laços corporais, existem laços mais profundos e anteriores a esses, chamados de "ligações espirituais entre elementos de uma família". Dessa forma, os espíritos se reconhecem, fortalecem-se, somam experiências e crescem juntos.

O ESPIRITISMO NO BRASIL

Em meados do século 19, o fenômeno das "mesas girantes" também era moda no Brasil. Em sua edição de 14 de junho de 1853, o *Jornal do Comércio*, do Rio de Janeiro, publicou com destaque uma matéria sobre as "mesas girantes", que "empolgavam os Estados Unidos e a Europa".

Com tamanho interesse pelo fenômeno dos espíritos, não é de se estranhar que o Espiritismo tenha se enraizado por aqui quase imediatamente após sua criação. E a exemplo da França, também no Brasil a nova doutrina teve uma data precisa para começar. Em 17 de setembro de 1865, oito anos após a publicação do *Livro dos Espíritos* por Allan Kardec, foi instalado o primeiro Centro Espírita do Brasil, o "Grupo Familiar do Espiritismo", em Salvador, Bahia. Luís Olímpio Teles de Menezes presidiu uma sessão mediúnica, em que recebeu a primeira página psicografada oficialmente no País. O texto foi assinado por "Anjo Brasil".

BEZERRA DE MENEZES

Como se poderia esperar, o movimento espírita foi duramente atacado pelo clero e pela imprensa de Salvador. Mas, nem por isso, a doutrina deixou de se difundir. No final da década de 1870, existiam várias comunidades espíritas, o que levou o movimento a uma fase de dissidência. Cada dirigente queria dar ênfase a um aspecto particular da doutrina. O médico e vereador Bezerra de Menezes (1831 – 1900) foi a figura que restaurou o equilíbrio do movimento espírita. A Federação Espírita Brasileira, criada em 1º de janeiro de 1884 por Elias da Silva, publicava a revista O *Reformador*, um instrumento de divulgação das novas ideias espíritas. Os textos de Bezerra de Menezes se destacaram, e logo a Comissão

Foto: Divulgação / Obra de Luciane Knelsen Weber - Ateliê Cantinho da Arte

Espiritismo e Evangelho

Ao perguntar aos espíritos qual é o tipo mais perfeito oferecido por Deus ao homem para lhe servir de guia e modelo, Allan Kardec recebeu a seguinte resposta: Jesus. No Evangelho Segundo o Espiritismo, Kardec extraiu a parte moral, coerente e indestrutível. Nesta obra, encontram-se os textos dos evangelhos tradicionais, com comentários de Kardec e as instruções dos espíritos. Para os seguidores do Espiritismo, o evangelho é um guia seguro para todas as circunstâncias, um roteiro infalível para a felicidade futura.

de Propaganda da União Espírita do Brasil o incumbiu de escrever, aos domingos, no *O Paiz*, tradicional órgão da imprensa brasileira dirigido por Quintino Bocaiúva, uma série de artigos sob o título *O Espiritismo – Estudos Filosóficos*. Os artigos de Max, pseudônimo de Bezerra de Menezes, marcaram a época de ouro da propaganda espírita no Brasil. Esses textos, publicados ininterruptamente de 1886 a 1893, ajudaram a sedimentar definitivamente o Espiritismo no País.

Bezerra de Menezes por ele mesmo

Bezerra de Menezes era médico e entendia esse encargo como um verdadeiro sacerdócio. Sobre isso, afirmou: "Um médico não tem o direito de terminar uma refeição, nem de escolher hora, nem de perguntar se é longe ou perto, quando um aflito qualquer lhe bate à porta. O que não acode por estar com visitas, por ter trabalhado muito e achar-se fatigado, ou por ser alta noite, mau o caminho ou o tempo, ficar longe ou no morro o que, sobretudo, pede um carro a quem não tem com que pagar a receita, ou diz a quem chora à porta que procure outro, esse não é medico, é negociante de medicina, que trabalha para recolher capital e juros dos gastos da formatura. Esse é um infeliz, que manda para outro o anjo da caridade que lhe veio fazer uma visita e lhe trazia a única espórtula que podia saciar a sede de riqueza do seu Espírito, a única que jamais se perdera nos vais-e-vens da vida".

Como Bezerra de Menezes se converteu ao Espiritismo

"(...) Deu-mo o Livro dos Espíritos, de Allan Kardec, na cidade e eu morava na Tijuca, a uma hora de viagem de bonde. Embarquei com o livro e, como não tinha distração para a longa viagem, disse comigo: ora, adeus! Não hei de ir para o inferno por ler isto... Depois, é ridículo confessar- me ignorante desta filosofia, quando tenho estudado todas as escolas filosóficas. Pensando assim, abri o livro e prendi- me a ele, como acontecera com a Bíblia. Lia. Mas não encontrava nada que fosse novo para meu Espírito. Entretanto, tudo aquilo era novo para mim!... Eu já tinha lido ou ouvido tudo o que se achava no 'O Livro dos Espíritos'. Preocupei- me seriamente com este fato maravilhoso e a mim mesmo dizia: parece que eu era espírita inconsciente, ou, mesmo, como se diz vulgarmente, de nascença".

Foto: Folha Press

Chico Xavier foi um dos mais importantes médiuns do Brasil. Ele tomou contato com a doutrina espírita aos 17 anos, quando começou a promover reuniões em sua própria casa. Pouco tempo depois, fundou o Centro Espírita Luís Gonzaga. Ao longo de sua vida, lançou mais de 400 livros piscografados

Médiuns

São chamados de *médiuns* as pessoas que desempenham o papel de "canais de comunicação", trazendo ao mundo encarnado as informações, as mensagens e até a ação do plano espiritual.
Conforme Silvia Cristina Stars de Carvalho Puglia, Presidente da Federação Espírita do Estado de São Paulo, "é importante esclarecer que a mediunidade independe da moral: há médiuns bons, como também há os mistificadores, orgulhosos, vaidosos, etc". Por isso, só é considerada como prática mediúnica espírita aquela exercida com base nos princípios da doutrina espírita e dentro da moral cristã.

Chico Xavier

Francisco Cândido Xavier é, provavelmente, o mais eminente divulgador da doutrina espírita no Brasil. Nasceu em 2 de abril de 1910, na cidade de Pedro Leopoldo, em Minas Gerais. Teve uma infância difícil. O pai, operário pobre, foi obrigado a entregar os filhos aos cuidados de parentes, depois da morte da mulher. Chico, que tinha então cinco anos, foi morar com uma madrinha que o maltratava demais. Mas, nos momentos, mais duros o menino fugia, orava e conversava com o espírito de sua mãe, que aparecia para ele. Depois acabou voltando para a casa do pai, que se casara de novo. Ao contrário da madrinha, a madrasta era bondosa e estimulou a mediunidade de Chico.

Foto: Moisés Nascimento

Alguns títulos psicografados por Chico Xavier

O maior do mundo

O Brasil se mostrou um terreno extremamente fértil para o Espiritismo. Médiuns, como Francisco Cândido Xavier (1910 – 2002), autor de centenas de obras psicografadas e realizador de um intenso trabalho espiritual, José Pedro de Freitas, o Zé Arigó, que efetivava curas e cirurgias pela incorporação do espírito do médico alemão conhecido como Dr. Fritz, e Divaldo Pereira Franco, ajudaram a tornar o Brasil o maior país espírita do mundo.

Chico Xavier

Foto: Divulgação/ FEB

Aos 17 anos, tomou contato com a doutrina espírita. Depois, começou a promover reuniões em sua própria casa até fundar o Centro Espírita Luís Gonzaga. Seu primeiro livro psicografado foi publicado em 1931. No mesmo ano, Chico passou a receber as primeiras poesias de "Parnaso de Além-Túmulo", que foi lançado em julho de 1932. O livro valia como um legítimo documento, validando o instrumental mediúnico como o mais completo e seguro que o Espiritismo tem tido para lhe promover o intercâmbio das ideias entre os dois mundos.

Auxiliado pelo espírito Emmanuel, seu guia-protetor, Chico lançou mais de 400 livros psicografados (muitos dos quais traduzidos e editados em várias línguas), mas não recebeu um centavo por eles. O dinheiro das vendas das publicações era revertido para obras de caridade.

Presume-se que, ao longo da vida, Chico tenha ficado mais de 11 anos em transe mediúnico. Famoso e reconhecido em todo o Brasil, tinha entres seus admiradores celebridades como Roberto Carlos, Antônio Fagundes e Nair Belo.

Por conta dos problemas de saúde, no final da vida, parou de psicografar mensagens e se afastou da atividade religiosa. Morreu em 2002, em Uberaba, Minas Gerais, aos 92 anos.

Entrevista

Silvia Cristina Stars de Carvalho Puglia, Presidente da Federação Espírita do Estado de São Paulo, conversou com História das Religiões sobre os principais preceitos do Kardecismo. Acompanhe:

O que é o Kardecismo?
O Kardecismo é considerado ciência, filosofia e religião.

Há alguma diferença entre o Espiritismo e o Kardecismo?
O "termo" *Espírita* e *Espiritismo* foram criados por Allan Kardec para diferenciar a doutrina espírita das outras filosofias espiritualistas, que também acreditam no espírito, na reencarnação, mas de outra maneira, utilizando-se de rituais, imagens, velas, etc.

Quem foi seu fundador?
O educador francês Denizard Hippolyte Leon Rivail, um homem sério ligado às pesquisas e à ciência. Ele estudou fenômenos em que mesinhas respondiam perguntas por meio de números de batidas. Era uma brincadeira de salão, chamada de "mesas girantes". Ele notou que as respostas, como ninguém segurava as mesinhas, só poderiam ser de uma outra inteligência, que não a das pessoas ali presentes, pois as respostas eram de profundidade científica.
Soube depois que, ainda no plano espiritual, antes de reencarnar como Rivail, tinha abraçado a missão de codificar a doutrina que Jesus prometera no Sermão do Cenáculo, também conhecido como "Santa Ceia".
Jesus havia dito aos discípulos que, no momento em que algo se pudesse provar, ele mandaria um Consolador, o Espírito Verdade para "descortinar o véu" de tudo que havia ensinado a eles.
Foi assim que se identificou o Espírito da Verdade como o dirigente espiritual de uma plêiade de Espíritos de Escol para responder, por meio dos médiuns, sobre as dúvidas encontradas nos Evangelhos, sob a direção do professor Rivail.
Portanto, o Kardecismo é o resultado de um trabalho coletivo e conjugado entre espíritos, médiuns e o ilustre pedagogo e cientista que não quis publicar as obras com seu nome, mas, sim, como Allan Kardec, um nome obscuro na época, mas que suplantou o de Rivail, pois representava na Terra a falange do Consolador Prometido por Jesus.

Quem foi o druida Allan Kardec?
O professor Rivail, por meio dos médiuns, recebeu confirmações de mensagens sobre uma de suas encarnações na Terra. Ele teria sido um sacerdote druida que se preparou para a missão espírita, no passado celta, povo que acreditava na reencarnação.

Em que os espíritas acreditam?
Acreditamos que Deus, justíssimo e bom, jamais criaria seres maus para nos tentar e nos fazer sofrer. Cada um de nós adquire o sofrimento como prova por alguma falta grave no presente ou no passado, por não termos aprendido a amar o próximo. Todos nós chegamos com uma programação reencarnatória, para aprendizado e aperfeiçoamento tanto moral como intelectual.
Deus envia espíritos missionários para o entendimento de suas Leis. A 1ª Revelação Divina foi trazida por Moisés, no Monte Sinai: Os Dez Mandamentos. A 2ª Revelação Divina foi trazida por Jesus. A 3ª Revelação Divina pelos Espíritos de Escol ou Espíritos Iluminados, comandados pelo Espírito Verdade por meio das psicografias dos médiuns que respondiam às inspiradas perguntas de Kardec. O Espiritismo é considerado o Cristianismo Redivivo. Acreditamos e procuramos colocar

De acordo com a doutrina espírita, os reencarnados em uma mesma família têm características próprias, vivência anterior e projetos de aprendizado, reajuste e crescimento

em prática os ensinamentos do Mestre Jesus: "Amar a Deus e ao próximo como a si mesmo".

Quais são os princípios fundamentais do Kardecismo?
Os princípios fundamentais do Kardecismo são: Deus é eterno, imutável, imaterial, único, Todo poderoso, soberanamente bom e justo. Criou todo o Universo e todas as criaturas. Os Espíritos são criados simples e ignorantes rumo à perfeição. Todos dotados de instintos. A inteligência se aprimora no homem, que fica submetido às leis de causa e efeito. Deus não castiga. Todos nós estamos ligados às Leis Divinas ou Naturais. Precisamos da reencarnação para a evolução, para o aprendizado.
Crescemos moral e intelectualmente para chegarmos um dia como Jesus ensinou: "Podereis fazer o que faço e até muito mais". Deus não criou Jesus perfeito e bom e nem o demônio imperfeito e mau; Jesus aperfeiçoou-se em outros planetas, vindo com a missão de trazer a Revelação Divina. Os Espíritos ainda não evoluídos; e que são voltados para o mal, foram criados da mesma forma, mas, por livre-arbítrio, demoram-se em círculos inferiores praticando o mal. Acreditamos que Jesus é o espírito que governa a Terra, o mais adiantado que aqui esteve encarnado e como ele disse: "nosso irmão". Sobre a Lei de Causa e Efeito, também ensinou "A cada um segundo suas obras".

Por que a relação com espíritos desencarnados é tão importante noKardecismo?
A relação entre os encarnados e desencarnados é importante porque sempre existiu e porque só damos valor às mensagens construtivas para o bem da humanidade. O espírito não morre, é eterno e busca sua evolução constantemente por meio das vidas sucessivas.

O que é um médium?
É o intermediário entre o espírito comunicante e aquele que precisa receber a mensagem. Os profetas eram médiuns. A mediunidade sempre existiu.

Todas as pessoas são médiuns?
Sim, porque todos nós sentimos a presença dos espíritos de alguma forma. É importante esclarecer que a mediunidade independe da moral. Há médiuns bons, como também há os mistificadores, orgulhosos, vaidosos, etc.

O que um médium vê ou sente quando incorpora um espírito desencarnado?
Na incorporação em geral, o médium esquece o que viu ou falou depois da mensagem, porém ele participa ativamente do fenômeno porque existe um ligeiro desdobramento. Na mediunidade de inspiração, o médium descreve melhor o que vê, ouve e sente porque se dá por meio do pensamento do espírito para o pensamento do médium.

No Kardecismo, há um conceito semelhante ao karma do Hinduísmo, isto é, uma lei de causa-efeito?
No Espiritismo, acreditamos na evolução do ser. Jamais o ser humano poderá retroceder e encarnar em um animal. A lei da causa e efeito é aplicada na medida da maturidade espiritual. Assim, aqueles que foram antropófagos em uma determinada fase não tinham a mesma responsabilidade na Terra, como temos hoje.

Por que os kardecistas afirmam que o Brasil será a pátria espiritual do mundo?
Nos cinco livros da Codificação Espírita não há essa revelação. Tornou-se famosa essa afirmação por causa da psicografia do querido Francisco Cândido Xavier, no livro intitulado: "Brasil, Coração do Mundo, Pátria do Evangelho".

Foto: Divulgação/ ABr

Dos rituais indígenas

A contribuição dos escravos africanos e dos povos nativos brasileiros para formar novas religiões e renovar os votos de fé

Por Claudio Blanc

Quando os escravos chegavam ao Brasil, trazidos à força da sua mãe África, os senhores, temendo a organização de revoltas, os separavam das suas famílias, buscando romper todo e qualquer elo com as tradições tribais. Isolados numa terra estranha, os africanos foram obrigados a conviver com grupos étnicos diferentes e desenvolveram uma religião que, além de proporcionar crescimento espiritual, trazia de volta a tradição perdida.

A herança negra acabou se conservando, principalmente,

Pai-de-santo benze fiel em Salvador, durante as comemorações do Dia de Iemanjá (2 de fevereiro)

Foto: Divulgação/ ABr/ Fabio Rodrigues Pozzebom

ao candomblé

nas áreas de grandes plantações, onde a vigilância era menor do que na zona de mineração. Os senhores os deixavam fazer suas festas nos dias santos e aos domingos. Reunidos ao redor dos atabaques, os africanos executavam danças religiosas que invocavam a vida, os mitos e a força dos orixás, as divindades da África ancestral. Entretanto, nessa realidade em que tudo pertencia aos brancos, até a vida e a morte, o sentido do culto foi modificado. As divindades e os rituais relacionados à colheita ou à fertilidade foram perdendo completamente o significado. Nessa nova ordem social imposta aos africanos, nem a colheita nem os filhos pertenciam a eles. Por isso, os deuses da guerra, da justiça e da vingança assumiram uma importância maior na religião que estava se formando. Com ela, os africanos tentavam reconstruir seu mundo a partir do sagrado.

Dessa forma, em torno dos seus tambores, as seitas foram se organizando, unindo as diferentes etnias e reconstituindo os valores ancestrais que tinham sido despedaçados pelos brancos e que, de fato, eram a própria identidade dessas pessoas. Foi assim que nasceu o Candomblé.

Festa de Iemanjá, em Salvador

Foto: Divulgação/ ABr / Fabio Rodrigues Pozzebom

CANDOMBLÉ

O Candomblé puro, fiel às origens africanas, é diferente dos candomblés de caboclo, que misturam rituais e entidades negras a elementos das religiões indígenas e da Umbanda, um amálgama do Candomblé com o Espiritismo. O Candomblé que se estruturou na Bahia – e que em Pernambuco veio a se chamar Xangô – não é afro-cristão, mas uma religião de sincretismo intertribal africano, influenciado por quatro nações: Kêtu, Fan, Jeje e Angola.

Kêtu foi, no passado, um reino independente que fazia parte do povo iorubá, que ainda hoje domina todo o sudeste da Nigéria. A nação Kêtu da Bahia fala a língua iorubá, que acabou virando uma espécie de língua franca de todos os escravos da região. O ritmo, a coreografia e quase todos os orixás da nação Kêtu são iorubás. As nações Fan e Jeje também são de origem iorubá. A nação Angola, por sua vez, não é sudanesa, como as outras, mas banto – o que implica uma diferença cultural tão grande quanto a que existe, na Europa, entre os povos eslavos e os latinos. O Candomblé de Angola é o mais tolerante com relação ao sincretismo afro-brasileiro. Os cultos de origem banto foram a primeira fonte da Umbanda, que, ao contrário dos sudaneses, reverencia o espírito dos mortos. Entre os iorubás, os rituais para os espíritos dos falecidos, ou eguns – esqueletos – é praticado apenas por sociedades secretas. Nos candomblés das nações da Bahia, os eguns não se incorporam nunca. Apesar disso, na Ilha de Itaparica, há o Candomblé dos Eguns, herdado, provavelmente, das tradições das sociedades secretas nigerianas.

A ideia de doutrina não existe na religião dos orixás. Na visão de mundo africana, a realidade é constituída da força vital. E essa força não é para ser pensada, mas para ser vivida e controlada. O meio para isso é "virar no santo" – uma experiência de transe, na qual o adepto se identifica com o seu orixá. Aqui, porém, ele não recebe qualquer mensagem verbal do orixá, como na Umbanda e nos candomblés de caboclo. O filho-de-santo em transe simplesmente dança, narrando com seus movimentos e suas expressões a história do orixá incorporado. Assim, o iniciado não busca absorver doutrinas intelectualizadas. Ele vive a experiência mística do transe em toda a sua força. Alguns psicólogos rotularam essa prática – e outras semelhantes – de "psicodrama tribal". De qualquer forma, os filhos-de-santo se dizem "aliviados" depois do transe místico.

Foto: Divulgação/ ABr/ Antonio Cruz

A mãe-de-santo, Luzinete Maria dos Santos

> ***O Candomblé puro é diferente dos candomblés de caboclo, que misturam rituais e entidades negras a elementos das religiões indígenas e da Umbanda. A religião estruturada na Bahia não é afro-cristã, mas uma religião de sincretismo intertribal africano influenciada por quatro nações: Kêtu, Fan, Jeje e Angola***

Organização religiosa

Os candomblés da Bahia, embora não se prendam a nenhuma hierarquia, obedecem a uma estrutura comum. A arquitetura do terreiro reflete suas práticas. A casa de culto sempre tem um barracão, onde são feitas as danças; um espaço reservado aos iniciados, a camarinha; e o peji, ou santuário. O lugar mais bem- construído e conservado é o peji, onde ficam os objetos simbólicos dos orixás: suas pedras, as tigelas onde são oferecidos alimentos e outras relíquias sagradas. Há também divindades, como Exu, que vivem ao ar livre e que têm pejis externos.

Cada candomblé é dirigido por um pai-de-santo (babalorixá) ou uma mãe-de-santo (ialorixá). Para ser babalorixá ou ialorixá, o filho-de-santo tem que, primeiro, ser um *ebâmi*, ou seja, ter sido iniciado há pelo menos sete anos. Ele, então, recebe o *decá*, a ordem "para fazer santo", e pode montar sua própria casa para iniciar novos filhos-de-santo, que serão, na verdade, netos do pai-de-santo original. Assim, toda uma família se forma. Há netos e bisnetos de santo, avôs, bisavôs, tios e sobrinhos.

O babalorixá é dono da sua casa e vive do que ganha com seus trabalhos, consultas e iniciações. Apesar de haver laços entre as famílias-de-santo, os babalorixás e as ialorixás só são subordinados à tradição do Candomblé. A tentativa de centralizar a autoridade religiosa corromperia irremediavelmente uma característica importante dessa religião: o equilíbrio entre a liberdade individual e a fidelidade à tradição.

Em contraste com muitas religiões, as mulheres têm um papel fundamental no Candomblé. Como os homens, elas podem ocupar as principais funções do sacerdócio. Podem ser *ogãs*, ou "chefes" – ajudantes do pai-de-santo no ritual de invocação das festas e que protegem o Candomblé –, ou *babalaôs* – um babalorixá ou ialorixá que recebeu dois poderes: o de fazer santo e o dom da "mão de búzios", ou de ler o futuro.

Além do pai-de-santo, dos ogãs e dos babalaôs, há os iniciados – filhos e filhas-de-santo, que dançam e servem de "cavalo", incorporando os orixás – e os *alabês*, que tocam atabaque e agogô.

Foto: Divulgação/ ABr / Fabio Rodrigues Pozzebom

Fiel faz saudação à Iemanjá

ORIXÁS

Os orixás são quase sempre identificados com fenômenos da natureza. Cada um deles tem sua arma, ferramenta, vestes, paramentos, cor e metal consagrados, alimentos e animais de sacrifício próprios. Todos os orixás têm uma saudação especial, uma coreografia particular e o seu toque de atabaque exclusivo. As cantigas e o ritmo dos atabaques retratam a personalidade e o mito de cada orixá.

Oxalá ou Orixalá: é o "Grande Orixá", o primeiro dos orixás. Mas, apesar disso, ele não tem nada a ver com a ideia de Deus. Sua principal característica é a majestade. Seus filhos são calmos e impõem respeito naturalmente. Seu metal é o ouro, e sua cor é o branco. A saudação de Oxalá é "Epa Babá".

Xangô : o orixá do raio e do trovão é aventureiro e conquistador. Seus filhos são voluntariosos, violentos e sensuais. Seu metal é o chumbo, e sua saudação é "Kaô kabecile".

Ogum: o orixá do ferro na Nigéria é uma manifestação da luta, do esforço e da defesa. É o santo das guerras. Seus filhos tendem a ser impetuosos, belicosos, autoritários e até mesmo egoístas. Sua saudação é "Ogum nyê".

Oxossi: o caçador e rei da nação kêtu domina a fauna e a flora. Como não podia deixar de ser, sua cor é o verde. Oxossi está ligado à juventude e à regeneração. Seus filhos quase sempre são inquietos, dinâmicos, simpáticos, altruístas e seguros de si. Sua saudação é "Okê".

Obaluaiê e Omulu: são duas manifestações de Xapana, orixá da varíola e dos cemitérios. A humildade e a feiúra são traços de Xapana, que esconde seu rosto com palha. Seus filhos são sóbrios, reservados, geniosos, independentes e, ao mesmo tempo, generosos. Sua saudação é "Atotô".

Iemanjá: a "mãe dos peixes" era orixá do pequeno Rio Ogum, na Nigéria, mas acabou tendo sua representação no mar. É maternal, mas também vaidosa e sedutora. A saudação é "O doiá".

Oxum: ligada à água doce, é sedutora e bondosa, mas cheia de astúcia e perigos. Sua saudação é "Ora Iêiê ô".

Iansã: é a orixá das tempestades e tem, também, autoridade sobre os eguns, os mortos. É exibicionista e extravagante, mas generosa. Seus filhos são caprichosos, voluntariosos e guerreiros. Sua saudação é "Eparrei".

Além desses, há outros orixás muito cultuados no Brasil: Nana Buruquê, um velho orixá feminino, Ossanyê, orixá assexuado de natureza vegetal, a ingênua Obá, a cobra Oxumaré e o bissexual Logun-Edé. Ifá é um velho orixá que não se incorpora, mas que ajuda no jogo de búzios.

Exu não é um orixá, mas um mensageiro deles. Apesar de ser malicioso e inconsequente, nada tem a ver com o diabo da tradição cristã. A ideia de um demônio supõe a concepção de Bem e de Mal, ideias completamente estranhas ao Candomblé. Há também o Erê, uma entidade-criança muito importante na indução ao transe e na educação do filho-de-santo. Ele é o intermediário entre o orixá, o babalaô e o iniciado. Ao contrário dos orixás, o Erê fala – e em português. Transmite as ordens do orixá, ajuda o iniciado a aprender as danças e dá a ele forças para suportar o esforço da iniciação.

Foto: Cláudio Blanc

UMBANDA

Desde os períodos colonial e imperial, os brancos eram atraídos pelos aspectos mágicos da religião africana. Eles se aproximavam desses cultos especialmente em busca de cura ou de soluções para seus problemas cotidianos. Existe até mesmo um relato sobre D. João VI, que teria concedido uma pensão a um soldado negro porque ele "curava com auxílio de palavras poderosas". Dessa forma, as religiões africanas foram sofrendo transformações. Nos centros urbanos, principalmente no Rio de Janeiro e em São Paulo, a presença do Kardecismo (doutrina espírita organizada pelo francês Denizard Hyppolite Léon Rivail, que adotou o nome de Allan Kardec), acabou desenvolvendo uma transformação decisiva nas práticas religiosas africanas.

Em estreita ligação com a doutrina kardecista, a experiência religiosa fundamental da Umbanda é a comunicação mediúnica com o espírito dos mortos. Mas, além da forte influência, das religiões africanas e do Espiritismo na Umbanda, são incorporados elementos das crenças indígenas e do Catolicismo. Os orixás do Candomblé original foram, pouco a pouco, sendo identificados com os santos católicos. Assim, Oxalá foi identificado com Jesus; Xangô, com São João Batista e São Jerônimo; Iansã, com Santa Bárbara; Ogum passou a ser relacionado a São Jorge; e Oxossi, a São Sebastião. O mensageiro dos deuses, Exu, foi popularmente identificado com o diabo cristão.

Na Umbanda, não é mais o orixá que desce sobre o filho-de-santo. Agora, o cavalo, ou médium, é possuído por um espírito desencarnado. Diferentemente do Candomblé, em que os orixás baixam apenas para se exibir aos fiéis, na Umbanda, os espíritos se comunicam com os participantes.

Experiência pessoal

A Umbanda se baseia na experiência íntima do adepto, isso é, a convicção de fé é fundamentada na própria experiência religiosa. No entanto, a Umbanda acabou desenvolvendo uma literatura que trata de questões de doutrina e explica as antigas origens dessa religião.

Para os umbandistas, sua prática religiosa começou há muitas eras, na antiga Lemúria. Sobre isso, o Primeiro Congresso de Espiritismo de Umbanda, que aconteceu em 1941, no Rio de Janeiro (RJ), afirmou que "o ideal religioso iniciático foi lançado no continente africano pelos reis divinos karirus, que tinham vindo da Lemúria, da qual a África fazia parte". No mesmo encontro, um outro texto explicava a origem do nome da religião: "o termo *Umbanda* é de origem sânscrita (...) Sua etimologia deriva de *Aum-Bahdhâ*, isto é, o limite do ilimitado. O prefixo *Aum* tem uma alta significação metafísica: ele é considerado sagrado por todos os mestres do Orientalismo, pois representa o emblema da Trindade da Unidade (...) *Bahdhâ* significa o movimento constante ou a força centrípeta emanada

Foto: Divulgação/ ABr / Fabio Rodrigues Pozzebom

Iemanjá é conhecida como a "rainha do mar"

Magia

Nas religiões afro-brasileiras, o uso de magia é comum. Os adeptos executam elaborados rituais mágicos, os "trabalhos" e "despachos", para desfazer malefícios causados por Exu ou por espíritos sofredores. Muitos desses trabalhos são destinados a chamar os espíritos baixos e ajudá-los, levando-os, aos poucos, rumo a sua verdadeira evolução.
Segundo praticantes de alguns ramos das religiões afro-brasileiras, muitas doenças físicas e psíquicas são causadas por trabalhos de magia negra, ou por "encostos"– espíritos obsessores desencarnados que, por algum motivo, gravitam em torno da pessoa causando problemas de todo tipo. Para combater esses transtornos, as vítimas dos despachos tomam banhos de ervas especiais, oferecem alimentos e bebidas às entidades, riscam desenhos místicos no chão e queimam pólvora. Se a doença for provocada pelos fluidos negativos de um encosto, o pai ou mãe-de-santo recorre à magia para convocar entidades mais poderosas que irão expulsar o obsessor. Os trabalhos mágicos são potencializados se forem feitos na natureza, especialmente em lugares como cachoeiras e praias. Os despachos feitos para causar mal a alguém são, via de regra, executados em horas e lugares especiais. Acredita-se que os despachos colocados em encruzilhadas, cemitérios e praias podem causar maiores malefícios contra a pessoa a quem são destinados. Normalmente, o feiticeiro sacrifica certos animais – sapos, gatos, galinhas, lagartos, bodes e até cavalos – para a entidade quibandeira e oferece comidas, bebidas e charutos junto com objetos pessoais daquele a quem deseja prejudicar.

Foto: Divulgação / ABr / Elza Fiúza

Líderes do Candomblé Sandra Cruz

O Preto Velho (escravo de origem humilde) e o Caboclo (índio guerreiro) são espíritos desencarnados que dão consellhos aos fiéis sobre a vida prática

do Criador que envolve e atrai a criatura para a perfeição".

Apesar de a prática da Umbanda ser diferente de um terreiro para outro, todos seguem um esquema geral. A ideia básica envolve as sete linhas dos orixás. Cada linha é composta por uma hierarquia de divindades, dirigida por um orixá ou santo católico, que se subdivide em falanges de entidades que chegam até os níveis mais inferiores dos espíritos desencarnados. Segundo os pais e mães-de-santo, essas falanges juntam seus esforços para atenuar e anular as cargas negativas do planeta. As linhas mais comuns dos terreiros são a de Oxalá – Jesus; Iemanjá – Virgem Maria; linha do Oriente – São João Batista; Oxossi – São Sebastião; Xangô – São Jerônimo; Ogum – São Jorge; e linha Africana – São Cipriano. Cada uma dessas tem sete legiões de espíritos subordinados a ela. E aí o sincretismo é total – um verdadeiro caldeirão de religiões, que se unem e se integram na verdade comum a todas elas. Virgem Maria/ Iemanjá lidera legiões de caboclos dos rios e do mar; e as legiões das sereias são chefiadas por entidades iorubás. Santa Maria Madalena comanda a legião da estrela-guia; e vários santos católicos se submetem a Oxalá-Jesus. Depois, descendo na hierarquia, as legiões indígenas de Araribóia, de Urubatã, do Caboclo Sete Encruzilhadas, das Peles Vermelhas, dos Tamoios, dos Guaranis e dos Caboclos Jurema se submetem, cada uma delas, às entidades das legiões do segundo escalão. E as legiões indígenas, por sua vez, lideram falanges de outras entidades espirituais. O Preto Velho e o Caboclo, por exemplo, são espíritos desencarnados que dão conselhos aos fiéis sobre a vida prática. Enquanto o Preto Velho é um escravo de origem humilde, o Caboclo é um índio guerreiro.

A Gira

A assistência está reunida, esperando a gira – a sessão – começar. Homens e mulheres, separados em duas alas, observam o pai-de-santo, os cavalos e cambonos – os auxiliares dos cavalos –, de pé no local sagrado, mais próximo do congá – o altar principal. As filhas-de-santo vestem roupas brancas e largas. Na verdade, todos estão de branco. No chão, um traçado mágico separa a assistência dos dirigentes. Sincrônica e silenciosamente, pai-de-santo, cavalos e cambonos se prostram diante do congá e tocam o chão com a cabeça em sinal de reverência. Em seguida, as pessoas formam uma roda, e o pai-de-santo, com uma espécie de turíbulo na mão, começa a defumar o espaço sagrado e todos os que participarão da gira. Até mesmo os atabaques são purificados com a fumaça das ervas aromáticas especiais.

Depois que os maus fluidos são dissolvidos pela defumação, o pai-de-santo reza a Deus, a Oxalá, a Iemajá e a outras entidades, pedindo permissão para começar a gira, e faz um breve sermão para a audiência. Então, ele entoa o cântico de abertura: "Eu abro a minha gira/ Com Deus e Nossa Senhora/ Eu abro a minha Gira/ São Gonçalo, pemba e Angola". E a música começa. Os atabaques soam, e o terreiro é inundado pelos pontos de orixá, cantados a uma só voz. Os cavalos e cambonos irrompem numa dança cada vez mais frenética, até que os cavalos entram em transe, incorporando os espíritos invocados. O terreiro se enche com os gritos dos caboclos e os murmúrios dos pretos velhos, saudando-se com toques de ombros: *sarava*. Agora, que todas as entidades já se incorporaram, o pai-de-santo pede silêncio. A música pára imediatamente. Os cambonos trazem bancos para os guias e acendem carinhosamente os cachimbos dos pretos velhos e os charutos dos caboclos. Os fiéis fazem filas diante das entidades para se consultarem. Os cavalos ouvem e aconselham o devoto – o cambono sempre traduzindo a complicada linguagem do espírito. Depois, os guias dão passes e defumam o fiel com a fumaça do seu cachimbo. As consultas terminam, e é hora de os espíritos partirem de volta à terra de Aruanda, a sua morada. A música recomeça. Pouco a pouco, os cavalos vão saindo do transe, e preces são feitas a todos os orixás e santos da Umbanda. A gira termina e o fiel se sente aliviado.

Foto: Divulgação/ ABr

Povos nativos do Brasil

Os povos nativos do Brasil estão há pelo menos 15 mil anos (há teorias que falam em 50 mil) e foram eles que ensinaram os outros povos que formaram a nação a viver nessa terra, iniciando os recém-chegados nas cores e os sabores de *Pindorama* ou *Lugar dos Buritis*, – o nome que alguns desses povos davam à sua terra. Na época do Descobrimento, dois milhões de pessoas habitavam Pindorama. Pertenciam a pelo menos quatro grandes troncos culturais – Tupi, Aruak, Karib e Jê –, subdivididos em milhares de tribos. No século 16, as nações Tupi e Jê tinham desenvolvido culturas elaboradas.

Atualmente, restam cerca de 300 mil "índios", agrupados em 206 nações, lutando para manter seus valores e culturas. Falam uma profusão de línguas e dialetos diferentes, o que faz do Brasil o País de maior diversidade linguística das Américas, e preservam segredos ancestrais de um mundo esquecido.

"Por todas as minhas relações"

Apesar da grande diversidade cultural e étnica desses povos, sua relação com o mundo espiritual é basicamente a mesma. Os povos nativos, independentemente da nação a que pertencem, vêem tudo que os cerca como sagrado. Qualquer ato da vida deve estar imbuído do divino, pois tudo é santificado. Na verdade, cada ser é parte de um todo maior, uma grande consciência formada por inúmeras outras menores. A ideia de *ayllu* representa bem esse conceito. Embora o termo tenha sido concebido pelos nativos dos Andes, seu sentido está intrínseco no universo espiritual das nações indígenas brasileiras. De acordo com o professor e escritor Jurgen Kremer, do California Institute of Integral Studies, "o ayllu é um grupo de seres relacionados que vivem em um local particular e consiste não apenas de um grupo de humanos relacionados, mas de outros seres naquele local: os animais, montanhas, regatos e pedras, bem como as divindades locais. O ayllu não deve, portanto, ser considerado simplesmente como uma esfera de parentesco. Em lugar disso, pode-se dizer que o grau de parentesco entre os nativos sul-americanos se estende até o reino não-humano".

Conhecer a realidade

Kremer, cujo trabalho busca revitalizar o que ele chama de "mente tribal", bem como explorar e preservar a "ciência indígena", percebe um outro tipo de anseio na relação espiritual que os povos nativos têm com o universo que os cerca. O diálogo mantido entre as pes-

Atualmente, restam cerca de 300 mil índios agrupados em 206 nações, lutando para manter seus valores e culturas. Falam uma profusão de línguas e dialetos diferentes

soas e os outros habitantes do mundo é tido primariamente com o propósito de conhecer a realidade. Os índios se relacionam com o mundo como parte da atividade de "nutrir e se deixar nutrir". As culturas ancestrais entendem isso como uma atividade fundamentalmente recíproca: quando se nutre, se é simultaneamente nutrido. A ação no mundo transforma a pessoa. Agir no mundo é ter um relacionamento com este e, por isso mesmo, a linguagem da conversa é mais apropriada do que a do conhecimento. "Aqui não há conhecedor e conhecido, não há sujeito nem objeto. Em lugar disso, há atores em relacionamentos mútuos. Ao agir, o indivíduo transforma não apenas o mundo, mas a si mesmo também", explica Kremer.

As três tradições

Se viver o sagrado em todos os atos e relações é uma postura comum das nações indígenas brasileiras, a prática espiritual difere entre elas. Kaka Werá Jecupé, pahi – um ser-ponte entre culturas – de etnia txucarramãe, distingue três tradições distintas. É uma percepção própria, afirma ele, diferente das definições dadas pelos antropólogos. Segundo o txucarramãe, os povos que seguem a chamada "Tradição da Lua" buscam a religiosidade usando as plantas de poder para expandir a consciência. Isso é muito comum entre os nativos de língua Aruak e Karib, que habitam o Norte do Brasil. Essas plantas de poder abrem uma dimensão diferente na consciência. Elas co-habitam nossa mente, alargando percepções e obliterando tempo, espaço e limitações culturais. Os seguidores da Tradição da Lua entram em contato, por meio dessas plantas, com o mundo dos espíritos, dos quais recebem ensinamentos.

No entanto, longe do conceito que fazemos dos usuários de drogas, os seguidores da Tradição da Lua não usam essas plantas de maneira recreativa. Ao contrário, são tidas por eles como sagradas – como tudo, aliás, que os cerca – e são usadas apenas como um exercício espiritual. Já a *Tradição do Sol* não utiliza plantas de poder nas suas práticas espirituais, mas a arte do canto e da dança, como os povos do tronco linguístico tupi. Elevam seus espíritos e obtêm conhecimento místico com a música e a dança, criando e executando belíssimas peças.

Há ainda a *Tradição do Sonho,* praticada pelos grupos que exercitam sua espiritualidade por meio do sonho. Esta abordagem é muito diferente do conceito que nós, ocidentais, temos do ato de sonhar. Para os índios, o sonho é uma revelação, uma comunicação do mundo do espírito. Normalmente, antes de irem dormir, os seguidores dessa tradição fazem uma pergunta sincera, ou pedem uma orientação, e a resposta surge no sonho. Algumas tribos compartilham os sonhos dos seus membros todas as manhãs. Dessa forma, diferentes visões são somadas para completar a mensagem dirigida à comunidade. A Tradição do Sonho é comum entre os povos do tronco linguístico macro-Jê, como os tapuias, os xavantes e os txucarramães. Esses grupos étnicos entendem que o sonho é o momento sagrado em que o espírito está livre e realiza várias tarefas. É a hora em que o espírito purifica o corpo, sua morada. Muitas vezes, ele voa até seu lar ancestral, ou visita *Wahutedew'á*, o Espírito do Tempo, indo até as margens do futuro, ou navegando pelas águas do passado.

Ciclos Cósmicos

Os ancestrais dos povos nativos brasileiros detinham um conhecimento que chamavam de *Arandu Arakuaa*, ou "A Sabedoria dos Movimentos do Céu", ou seja, o ritmo dos ciclos da Terra, do Céu e do Homem. Segundo essa tradição, há quatro estações cósmicas, cada qual regida por um *Nanderu* que comanda um dos quatro elementos sagrados do espaço: terra, água, fogo e ar. Essas estações cósmicas estão representadas nos quatro pontos cardeais: norte, sul, leste e oeste. Nandecy, a Mãe Terra, dança no meio de cada ciclo, buscando superar as provas, os desafios e os aprendizados, com a missão de se tornar Estrela-Mãe.

Segundo o txucarramãe Kaka Werá, "o primeiro ciclo foi regido por Jakairá, a divindade responsável pelo espírito, pela neblina e pela fumaça. O segundo ciclo, por Karai Ru Ete, a divindade do fogo e da

Foto: Divulgação/ ABr/ Pedro Biondi

Aldeia Ipatse, do Parque Indígena do Xingu

luz. O terceiro ciclo, por Tupã, a divindade responsável pelos raios, trovões e águas. O quarto ciclo, por Namandu, que se responsabiliza pela terra, mas que é, ao mesmo tempo, o Grande Mistério. Namandu antecede todos os ciclos que o permeia. É a Grande Unidade".

Cada ciclo se entrelaça com todos os reinos da vida (mineral, vegetal, humano, supra-humano, divino) e se intercala em tons pelos três mundos, que se entremeiam e formam o mundo que conhecemos. "Pela leitura da natureza, a aranha ensina como funciona esse entrelaçamento e intercalação de mundos que é o nosso mundo. Na sua tecedura,

Cerimônias

Para ser iniciado em qualquer uma das tradições indígenas, o índio passa por cerimônias em que, segundo Kaka Werá, "aprende a ler os ensinamentos registrados no movimento da natureza interna do Ser". Dessa forma, compreende quem ele é verdadeiramente: uma qualidade de espírito cristalizada na harmonia da forma. "É uma vibração, uma entoação. E tudo – pedra, planta, animais, gente, terra, céu – entoa. Para compor tudo que entoa, grandes entidades da natureza trabalham incessantemente, sempre orientada pelos anciãos, ou *Nanderus* – as Divindades Sagradas – como os tupis os chamam, e pela própria Mãe Terra. Os Nanderus, por sua vez, são dirigidos pelos antepassados mais antigos, que se tornaram estrelas. Quando uma parte da humanidade se tornar estrela, a Terra alcançará sua meta de ser Estrela-Mãe. As Divindades Sagradas, junto com as Quatro Divindades Dirigentes, formam o que os nativos chamam de "Ancestrais Primeiros". Esses ancestrais são reverenciados pelos índios, que reconhecem neles os artesãos do corpo, "feito dos fios perfeitos da terra, água, fogo e ar, entrelaçando-os em sete níveis do tom que somos, assentando o organismo, os sentimentos, as sensações e os pensamentos que comportam um Ser, que é parte da Grande Música Divina", diz Kaka.

estão escritos os princípios da Tradição".

Criação do mundo

Durante o primeiro grande ciclo de Nandecy, comandado por Jakairá, a Terra foi povoada. Seus primeiros habitantes pertenciam a duas tribos: pássaros e povos arco-íris. Foram os membros da tribo pássaro, acreditam os índios, que deixaram os mistérios sagrados para a humanidade que viria a surgir. Esse ciclo, porém, deixou a semente do medo entranhada nos homens. No final do ciclo de Jakairá, a Terra foi varrida por ventos que separaram – para usar uma imagem cristã – o joio do trigo.

No segundo ciclo, o Senhor do Fogo Sagrado, Karai Ru Ete, criou a roça para sustentar o nascimento e o desenvolvimento do Homem-Lua e da Mulher-Sol, os quais criaram a Tribo Vermelha – os povos indígenas. O desafio que a humanidade teve de enfrentar durante esse ciclo foi a Descoberta da Noite. Dependendo do ponto que se observa a vida, parece que o Homem-Lua e a Mulher-Sol estão separados. Desse ponto, nasceram três espíritos: o Espírito do Sono, o Espírito do Sonho e o Espírito da Ilusão. Cada um desses filhos da Noite criou para o homem a sua própria realidade. Esse ciclo acabou em chamas, que uniram o que deveria ser e também separaram o que precisava assim ser.

O desafio do ciclo de Tupã foi o poder. Kaka Werá conta que "sua bênção colocada na orelha esquerda se chama *arandukua*, ou inteligência, e na orelha direita, *mbaekua*, ou sabedoria. Na cabeça humana, fez sua pintura, chamada pensamento, que

Foto: Divulgação/ABr

Mãe Terra

A religiosidade dos índios brasileiros – como sua cultura e civilização – é amplamente permeada pela relação que eles têm com a natureza. O *ayllu*, a relação de parentesco com o meio que os cerca, desenvolveu nos nativos uma visão cósmica muito particular, pura e próxima de um verdadeiro diálogo com o mundo. Nós, ocidentais, buscamos dominar, submeter o meio. Os índios dialogam com ele, conscientes de que são parte dele – um dos seus muitos aspectos. Eles consideram a Terra sua Grande Mãe, ou Nandecy, como os tupis a chamam, que os nutre e lhes dá tudo de que precisam. Todos eles, independentemente da tradição que seguem – sol, lua ou sonho –, participam do culto comum a ela.

não é outra coisa senão seus raios e trovões sagrados". E é esse pensamento, moldado pelas emoções e pelos desejos, que cria e destrói. Durante esse ciclo, o mais difícil pelo qual Nandecy já passou, a humanidade quase extinguiu a vida no planeta, por causa do mau uso do poder de criar. Kaka Werá explica que isso aconteceu porque "os povos dessa época tinham acumulado em seu sangue as más sementes dos ciclos passados – os espíritos do medo, do sono, da ilusão, da escravidão e do sonho –, o que gerou, no ciclo de Tupã, a posse, a disputa e o apego, ampliados pela consciência do poder". E para que a Mãe Terra não sucumbisse, Tupã fez o mundo ser lavado pelas águas do dilúvio.

No final de cada ciclo, os anciãos da Grande Tribo Vermelha, que venceram os desafios anteriores deixaram os meios para que aqueles que não os haviam superado pudessem vencer a si mesmos. São os fundamentos e a sabedoria extraídos de cada estação e passadas aos seus descendentes para orientá-los na sua caminhada pela vida.

O mundo espiritual também está dividido de acordo com as divindades que regem os ciclos cósmicos. Há, portanto, quatro moradas no mundo espiritual habitadas pelos ancestrais dos índios. De acordo com a tradição tupi, *Ambá Namandu* é a morada dos Espíritos Anciãos. *Ambá Jakairá* é onde vivem os Espíritos-Bruma. Já os Espíritos-Fogo habitam *Ambá Karai*, e os Espíritos Trovões moram em Ambá Tupã. Abaixo delas fica, *Yvu Mara Ey*, a Terra Sem Males, a morada dos antepassados – o lugar que o ser habita por um momento, depois da morte física.

Atualmente, os nativos vivem a Grande Noite da Terra, época iniciada com a chegada dos portugueses a Pindorama.

A Pacificação do Branco

Depois que os portugueses tomaram posse do Brasil, quase que imediatamente começaram a extrair as riquezas que encontraram. Buscavam, num primeiro momento, riquezas minerais, que só encontrariam mais de um século depois. Nas primeiras décadas depois do Descobrimento, exploraram comercialmente os produtos que estavam mais próximos dos seus ancoradouros. Eram peles, animais exóticos e, principalmente, o pau-brasil, do qual se extraía um corante vermelho muito valorizado pela indústria têxtil da época. Seus fornecedores eram os índios, com quem estabeleceram uma relação de escambo.

No século 17, à medida que os colonizadores portugueses iam se fixando na terra, a maior fonte de riqueza, principalmente em São Paulo, eram os índios, que,

Foto: Divulgação/ ABr

depois de capturados e escravizados, forneciam mão-de-obra para as plantações e casas dos europeus. Dizem que só na fazenda de Fernão Dias, importante líder local, havia mais de 600 escravos índios trabalhando nas lavouras. Populações indígenas inteiras foram dizimadas dessa forma. Outras tribos acabaram buscando abrigo nas missões jesuíticas, deixando-se converter e esquecendo, assim, sua milenar tradição cultural.

Numa tentativa de proteger os índios da fúria dos irascíveis bandeirantes, o Papa emitiu uma bula, em que declarava que os indígenas eram, ao contrário do que afirmavam seus captores, seres humanos de fato.

Com a descoberta de minerais preciosos, o século 18 assistiu à invasão dos sertões. A terra foi violada por causa dos metais que seu ventre continha. Os povos nativos que estavam no caminho dos exploradores foram exterminados. Não só os guerreiros eram brutalmente assassinados, mas também suas mulheres e filhos.

Com a chegada da corte portuguesa no começo do século 19, a situação piorou ainda mais. Dom João VI declarou guerra de extermínio aos povos nativos. Alguns grupos, como os tupinambás, buscaram a Terra Sem Males – sua morada espiritual – por meio das batalhas, sendo completamente extintos. Outros, porém, como os xavantes, almejaram uma via alternativa pelo Caminho do Sonho.

Ainda no século 18, um ancião xavante sonhou que era chegada a hora de iniciar o "amansamento do homem branco". A mensagem onírica dizia que um novo ciclo se iniciava no mundo espiritual e que as sementes do renascimento das tribos seriam despertadas pelos ritos. Apesar de saber da existência da nossa civilização, os xavantes foram "protegidos pelo sonho" e se mantiveram intactos, sem nenhum contato com o homem branco, até a década de 1950, quando os irmãos Villas-Boas os encontraram. Mesmo assim, a partir daquela distante mensagem recebida por um dos anciãos da tribo, os xavantes assumiram a missão da pacificação do branco. A forma que encontraram para fazer isso foi sensibilizar os membros da sociedade tecnológica difundindo seu modo de vida e suas tradições.

Os pajés continuaram sonhando, sem jamais perder a esperança de que removeriam o veneno da civilização. Os cantos e as rezas conseguiram preservar a tradição no Parque do Xingu, na Amazônia, e em alguns lugares do Mato Grosso. Mas isso só não bastava. Há alguns anos, um pajé ianomâmi sonhou que a Terra tinha buracos no céu, abertos pela "fumaça da civilização", que poderiam fazer que ele desabasse. Algum tempo depois, a ciência descobriu o buraco na camada de ozônio. Estava claro, então, que os índios não poderiam esperar mais para despertar a verdade no coração dos brancos.

Na década de 1980, nativos de diversas etnias saíram das aldeias e vieram à civilização para estudar seus modos. Fundaram associações, entidades, uniões, confederações e institutos, buscando sensibilizar seus irmãos que, segundo eles, se esqueceram "do chão do seu nascimento e ficaram sem alma e sem coração". Saíram do seio das florestas para ensinar aos civilizados que tudo se desdobra de uma fonte única e que tudo se conecta a tudo. Vieram lembrar aos habitantes das cidades que "o pulsar de uma estrela é o mesmo que o do coração; que homens, árvores, serras, rios e mares são um único corpo, com ações interdependentes".

Pajés

Segundo a tradição indígena, no começo do mundo, os homens tinham contato direto com os seres encantados – os seres-espíritos da natureza – e com os antepassados. Com o passar do tempo, esses mundos se distanciaram, e a relação entre os humanos e esses espíritos só pôde continuar pelo sonho. Alguns, porém, desenvolveram meios de se tornar ponte entre os dois mundos. Muitos se tornaram poderosos por dominarem essas técnicas, alguns trabalhando em aliança com os seres encantados e outros procurando dominá-los e controlá-los. Os pajés, como os tupis chamavam os intermediários entre as forças da natureza e os homens, tradicionalmente usam plantas medicinais e cantos para invocar os poderes dos seres encantados, normalmente em busca de cura. E, como entre todos os povos, há aqueles que se guiam pelo poder e pela vaidade, ou os visionários que, apesar da sensibilidade espiritual, não interpretavam direito as visões e os sinais espirituais. Mas há, também, aqueles que são os verdadeiros guardiões da tradição. Quase sempre vivem isolados, no meio da mata ou em alguma gruta solitária. São eles que podem ensinar a arte de andar pela Noite – uma referência ao ciclo que os índios estão vivendo atualmente, o da Grande Noite da Terra – e trazer, por meio da paz, a luz de uma nova era.

Por Thaís Iannarelli

Deus existe

Para **97%** dos brasileiros, Deus existe. **2%** têm dúvidas e **1%** não acredita.

E o diabo também

Entre os evangélicos pentecostais, a pesquisa revelou que **95%** acreditam na existência do diabo.

Cultos diferentes

De acordo com os dados do Datafolha, os evangélicos pentecostais somam **17%** dos brasileiros, os não-pentecostais **5%**, os espíritas kardecistas chegam a **3%** e os umbandistas atingem **1%**. Já os adeptos do Candomblé e de outras religiões afro-brasileiras não chegam a **1%** da população nacional.

Mais católicos

Apesar de o quesito religião estar mais dividido nos últimos tempos no Brasil, o Catolicismo ainda tem o maior número de fiéis: **64%** se declaram seguidores desta crença, segundo pesquisa do Datafolha.

Voto de castidade

A pesquisa do Datafolha ainda apontou que **66%** dos entrevistados são favoráveis ao casamento de padres da Igreja Católica.

Santos favoritos

Os mártires também apareceram na pesquisa. A padroeira do Brasil, Nossa Senhora Aparecida, tem **18%** dos devotos entre todas as religiões, seguida por Santo Antônio (**5%**), Santo Expedito (**5%**), São Jorge (**3%**), São Judas (**2%**), São Francisco de Assis (**2%**) e São José (**2%**).

Mais homens

De acordo com a pesquisa Religiões dos Brasileiros, do Datafolha, **64%** dos brasileiros que não têm religião são homens. Em geral, a maioria dos fiéis é de mulheres, exceto no Candomblé, que tem **49%** de mulheres e **51%** de homens.

Religião x Conscientização

Mais de **90%** dos entrevistados na pesquisa do Datafolha são a favor do uso da camisinha, sendo **100%** dos umbandistas, **99%** dos espíritas e **94%** dos católicos.

RELIGIÕES DOS BRASILEIROS (%)

		CATÓLICA	EVANGÉLICA PENTECOSTAL	EVANGÉLICA NÃO-PENTECOSTAL	ESPÍRITA KARDECISTA, ESPIRITUALISTA	UMBANDA	CANDOMBLÉ E RELIGIÕES AFRO-BRASILEIRAS	OUTRA RELIGIÃO	NÃO TEM RELIGIÃO
SEXO	Masculino	49	43	43	40	42	51	48	64
	Feminino	51	57	57	60	58	49	52	36
IDADE	16 a 17	8	7	8	5	6	6	10	15
	18 a 24	19	20	23	17	18	31	22	29
	25 a 34	22	25	25	21	32	25	21	25
	35 a 44	20	21	19	24	16	18	21	17
	45 a 59	20	17	16	22	21	16	19	11
	60 ou mais	11	9	9	11	6	5	8	4
ESCOLARIDADE	Analfabeto	8	8	4	1	6	1	6	4
	Ensino Fundamental / Primeiro Grau incompleto	33	36	27	14	31	26	25	25
	Ensino Fundamental / Primeiro Grau completo	12	11	11	8	8	11	12	11
	Ensino Médio / Segundo Grau incompleto	12	12	13	10	15	15	12	15
	Ensino Médio / Segundo Grau completo	26	25	32	33	28	31	30	28
	Ensino Superior incompleto	4	4	7	13	6	9	9	8
	Ensino Superior completo	4	2	5	16	5	6	4	6
	Pós-graduação	1	1	1	4	1	0	2	2

Fonte: Datafolha